# Super M

## Arbeitsheft

## 4

Herausgegeben von
Klaus Heinze
Ursula Manten
Gudrun Hütten

Erarbeitet von
Christiane Audick
Heidi Dietz
Bettina Egbers
Matthia Gratzki
Kerstin Hänsel
Klaus Heinze
Ursula Manten
Maike Teusen
Nicole Wolters

Bearbeitet von
Marion Müller
Antje Pennewitz
Kerstin Silz
Carmen Sobek

Illustrationen von
Martina Leykamm
Eve Jacob
Dorothee Mahnkopf




Cornelsen

# Inhalt




# Inhalt

① Schreibe in die Stellentafel und als Additionsaufgabe.

| | H | Z | E | |
|---|---|---|---|---|
| a) | 3 | 4 | 3 | 300 + 40 + 3 = ________ |
| b) | | | | ________ |
| c) | | | | ________ |
| d) | | | | ________ |

② Schreibe stellengerecht untereinander und rechne schriftlich.

a) 375 + 294
602 + 187
748 + 75

b) 976 – 384
723 – 295
634 – 87

③ Rechne in Schritten.

a) 4 · 86 =
4 · 80 =
4 · 6 =

b) 3 · 247 =

c) 8 · 123 =

d) 87 : 3 =
60 : 3 =

e) 375 : 5 =

f) 392 : 7 =

④ 1 m = 100 cm  1 kg = 1 000 g  1 l = 1 000 ml

a) Immer ein Meter

80 cm + 20 cm
27 cm + ________
56 cm + ________
12 cm + ________
$\frac{1}{2}$ m + ________

b) Immer ein Kilogramm

650 g + ________
120 g + ________
298 g + ________
823 g + ________
$\frac{1}{2}$ kg + ________

c) Immer ein Liter

350 ml + ________
180 ml + ________
788 ml + ________
516 ml + ________
$\frac{1}{2}$ l + ________

# Addition und Subtraktion

① In Tabellen rechnen

a)

| + | 30 | 200 | 70 | 400 |
|---|---|---|---|---|
| 60 | | | | |
| 300 | | | | |
| | | | | 480 |
| 500 | | | | |

b)

| − | 40 | | 70 | 400 |
|---|---|---|---|---|
| 680 | | | | |
| 890 | | 390 | | |
| 570 | | | | |
| 650 | | | | |

② Rechne mit deinem Rechenweg.

a) 375 + 87 =

b) 674 + 98 =

c) 894 − 76 =

d) 967 − 99 =

③

| 1000 | |
|---|---|
| 630 | |
| | 380 |
| 110 | |
| | 870 |
| 260 | |
| | 790 |

④ Schriftlich addieren und subtrahieren

a) 478 + 267
377 + 86 + 209
217 + 387 + 48

b) 732 − 256
804 − 397
900 − 555

a) 478
\+

⑤ Markiere die Fehler farbig. Ordne zu, welche Fehler gemacht wurden. Rechne richtig.

a)
  6 3 7
\+ 2 4 8
―――――
  8 7 5
Fehler: ___

b)
  2 9 5
\+ 3 7 7
  1 1
―――――
  6 1 3
Fehler: ___

c)
  8 1 4
− 3 8 6
  1 1
―――――
  4 3 8
Fehler: ___

d)
  7 4 8
− 3 5
  1
―――――
  3 9 8
Fehler: ___

**A** falsch untereinander geschrieben

**B** Übertrag vergessen

**C** Fehler beim Addieren/Subtrahieren

a) b) c) d)

① In Tabellen multiplizieren und dividieren

a)

| · | 60 | 80 |
|---|---|---|
| 3 | | |
| 6 | | |
| 9 | | |

b)

| : | 7 | 70 |
|---|---|---|
| 210 | | |
| 420 | | |
| 630 | | |

c)

| · | 30 | 60 | |
|---|---|---|---|
| 2 | | | 180 |
| 4 | | | |
| | 240 | | |

② Rechne geschickt im Kopf.

a) 4 · 7 · 5 = ______ b) 8 · 2 · 5 = ______ c) 8 · 6 · 5 = ______
7 · 6 · 5 = ______ 8 · 9 · 5 = ______ 8 · 8 · 5 = ______
5 · 9 · 2 = ______ 5 · 4 · 6 = ______ 4 · 3 · 5 = ______

③ Notiere deinen Rechenweg oder rechne im Kopf.

a) 7 · 86 = ________ b) 3 · 33 = ________ c) 6 · 58 = ________ d) 8 · 99 = ________

a) 7 · 86
7 · 80
7 · 6

④ Überschlage zuerst. Multipliziere dann schriftlich!

a) Ü:
163 · 5

b) Ü:
207 · 4

c) Ü:
198 · 3

d) Ü:
119 · 7

e) Ü:
94 · 8

f) Ü:
379 · 2

⑤ Division mit und ohne Rest. Rechne mit deinem Rechenweg.

a) 324 : 4 = ________ b) 295 : 5 = ________ c) 258 : 3 = ________ d) 398 : 9 = ________

# Rechnen braucht Regeln

① Rechne und vergleiche!

a) $30 - 5 : 5 =$ ______
$(30 - 5) : 5 =$ ______

b) $70 + 10 : 5 =$ ______
$(70 + 10) : 5 =$ ______

c) $20 - 4 : 4 =$ ______
$(20 - 4) : 4 =$ ______

d) $10 + 90 \cdot 3 =$ ______
$(10 + 90) \cdot 3 =$ ______

e) $600 - 200 : 5 =$ ______
$(600 - 200) : 5 =$ ______

② Rechne! Beachte die Rechenregeln!

a) $80 : 4 + 123 =$ ______
$3 \cdot 40 + 521 =$ ______
$45 - 150 : 30 =$ ______

b) $217 - 3 \cdot 70 =$ ______
$(555 + 5) : 70 =$ ______
$(26 \cdot 2) + 134 =$ ______

c) $(70 \cdot 4) + (120 : 6) =$ ______
$(10 + 8) : (111 - 108) =$ ______
$(80 - 40) \cdot (900 - 860) =$ ______

d) $5 \cdot (17 + 23 + 60) =$ ______
$900 : (14 + 16) =$ ______
$(610 - 120) : (49 + 21) =$ ______

③ Stelle eine Gleichung auf! Rechne!

**A** Multipliziere die Summe der Zahlen 66 und 24 mit der Zahl 7.

**B** Dividiere die Summe der Zahlen 520 und 290 durch die Zahl 90.

④ Du hast insgesamt 7 Plättchen.
Lege damit Zahlen,
die größer als 200 sind und …

| H | Z | E |
| --- | --- | --- |
| | | |

a) … zu den geraden Zahlen gehören.

b) … zu den ungeraden Zahlen gehören.

Überlege zuerst: Gibt es gleich viele Lösungen? ______

① Immer zwei Längenangaben sind gleich. Male sie jeweils mit derselben Farbe an.

50 cm | 500 cm | 275 cm | 7,5 cm | 75 mm | $\frac{1}{2}$ m | 5 m | 2 m 75 cm

② Ein Absperrseil ist 20 m lang. Wie viele Seile benötigt man, um …

a) … eine Strecke von 100 m abzusperren? ________

b) … eine Strecke von 1 km abzusperren ? ________

③ Verschiedene Schreibweisen

a) 370 cm = 3 m 70 cm = 3,70 m
295 cm = __________ = __________
305 cm = __________ = __________

b) __________ = 4 m 12 cm = __________
__________ = __________ = 8,09 m
85 cm = __________ = __________

④ Notiere Beginn und Ende der Zugfahrten. Berechne die Zeitdauer.

a) Beginn: __________ Ende: __________

Zeitdauer: ____________________

b) Beginn: __________ Ende: __________

Zeitdauer: ____________________

⑤ Mit dem Zug von ______________________________ nach ______________________________

| Bahnhof/Haltestelle | Zeit | Zug |
|---|---|---|
| Rostock Hbf | ab 10:33 | RE 33107 |
| Berlin Gesundbrunnen | an 13:09 | |
| Berlin Gesundbrunnen | ab 13:21 | RE 38351 |
| Elsterwerda | an 15:32 | |
| Elsterwerda | ab 15:45 | RB 17619 |
| Dresden Hbf | an 16:46 | |

**Wartezeiten beim Umsteigen**

a) in Berlin-Gesundbrunnen: ____________________

b) in Elsterwerda: ____________________

**Fahrzeiten**

c) Rostock – Berlin: ____________________

d) Berlin – Elsterwerda: ____________________

e) Elsterwerda – Dresden: ____________________

f) Die reine Zugfahrtzeit beträgt: __________

# Masse/Hohlmaße/Einfache Sachrechenaufgaben

① Welche Angabe ist richtig? Male sie aus.

a) 

[20 g] [200 g] [2 kg]

b) 

[5 kg] [500 g] [50 kg]

c) 

[90 kg] [950 kg] [950 g]

d) 

[$\frac{1}{2}$ kg] [10 g] [1 g]

② a) 800 g + __________ = 1 kg
400 g + __________ = 1 kg
150 g + __________ = 1 kg

b) 720 g + __________ = 1 kg
310 g + __________ = 1 kg
250 g + __________ = 1 kg

c) 606 ml + __________ = 1 l
825 ml + __________ = 1 l
58 ml + __________ = 1 l

d) 723 ml + __________ = 1 l
258 ml + __________ = 1 l
14 ml + __________ = 1 l

③ Jeder Mensch sollte pro Tag 3 Liter trinken. Berechne den Verbrauch für eine 4köpfige Familie!

| 1 Tag | 4 Tage | 1 Woche | 4 Wochen | 8 Wochen |
|---|---|---|---|---|
| 12 l | | | | |

④ Familie Schön kauft Getränke ein.

12 Liter Mineralwasser zu je 19 ct
3 Liter Tomatensaft zu je 89 ct
2 Liter Orangensaft zu je 1,79 €
6 Liter Milch zu je 68 ct

Für Leergut bekommt sie 3,50 € zurück.

a) Entscheide dich für eine Rechnung und löse die Aufgabe! Begründe deine Entscheidung!

A 12 · 19 ct + 3 · 89 ct + 2 · 179 ct + 6 · 68 ct + 3,50 €

B 12 · 19 ct + 3 · 89 ct + 2 · 179 ct + 6 · 68 ct

C 12 · 19 ct + 3 · 89 ct + 2 · 179 ct + 6 · 68 ct − 3,50 €

b) Kann das stimmen? Welcher Antwortsatz passt zur Lösung? Kreuze an und begründe.

A Familie Schön muss 12,61 € bezahlen.

B Familie Schön erhält 1,89 € zurück.

C Familie Schön bezahlt 9,11 €.

D Der Einkauf kostet 16,11 €.

① Ergänze zu ebenen Figuren. Zeichne mit dem Geodreieck Rechtecke, Quadrate und Parallelogramme.

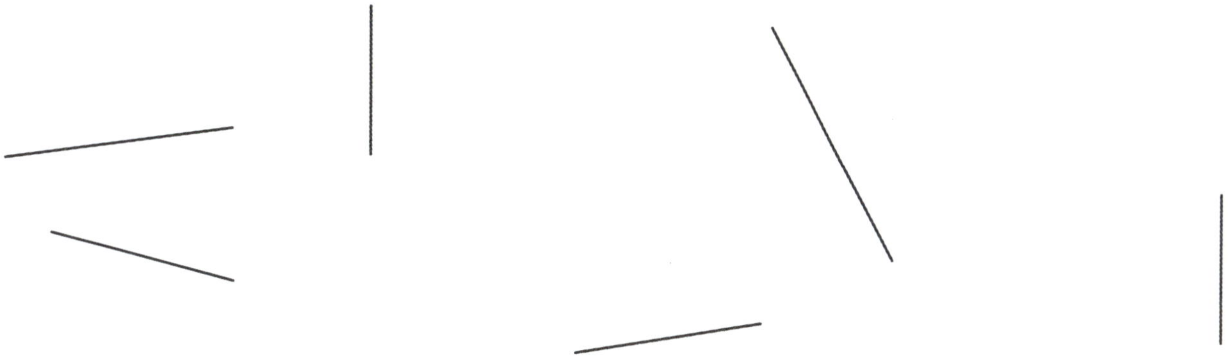

② Zeichne alle Symmetrieachsen rot ein.

a)

b)

c)
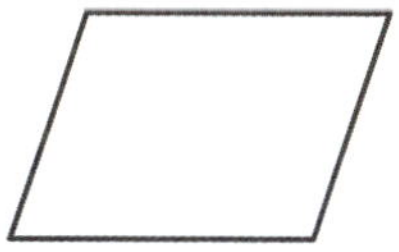
d)

e)

③ Ergänze symmetrisch. Erfinde eine eigene Figur.

a)
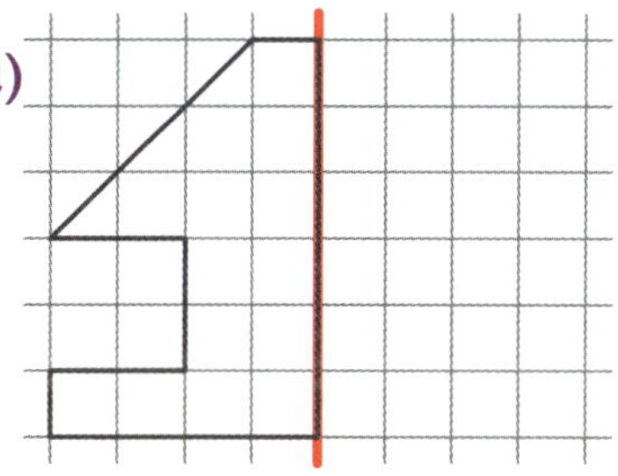
b)
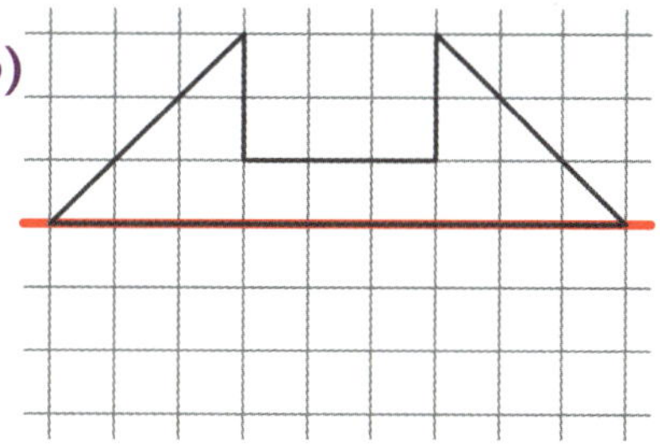
c)
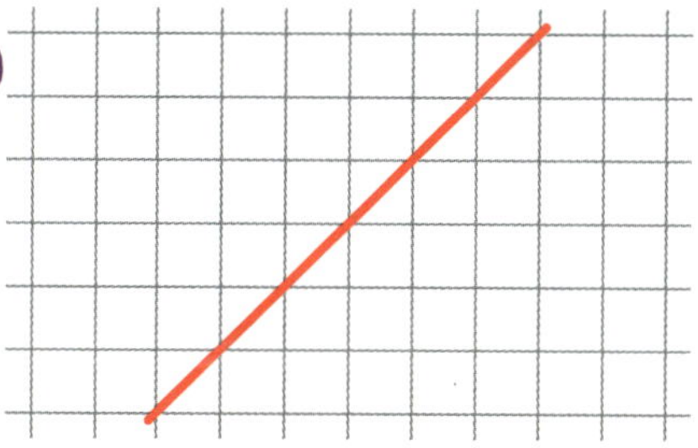

④ Welche Körper sind gemeint?

A Er hat keine Kanten und keine Ecken. ______________________

B Er hat nur eine Kante. ______________________

⑤ Vervollständige immer zu einem Würfelnetz. Die Netze sollen unterschiedlich sein.

a)
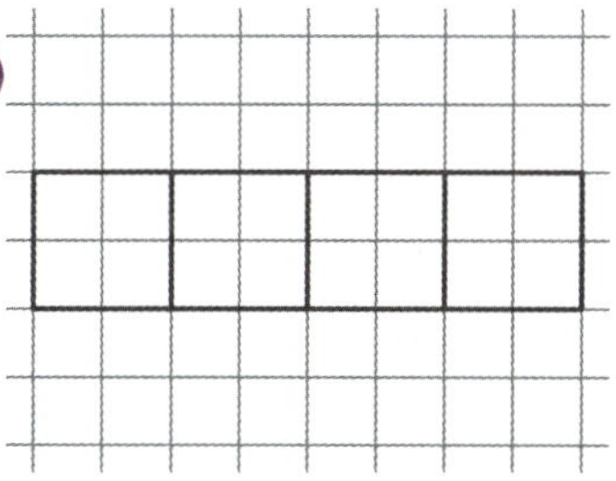
b)
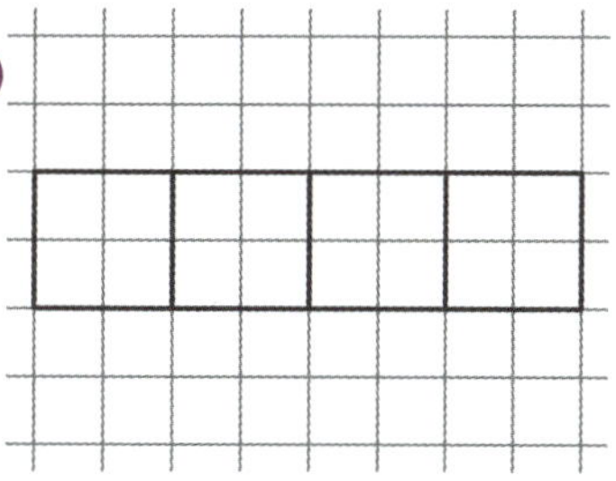
c)
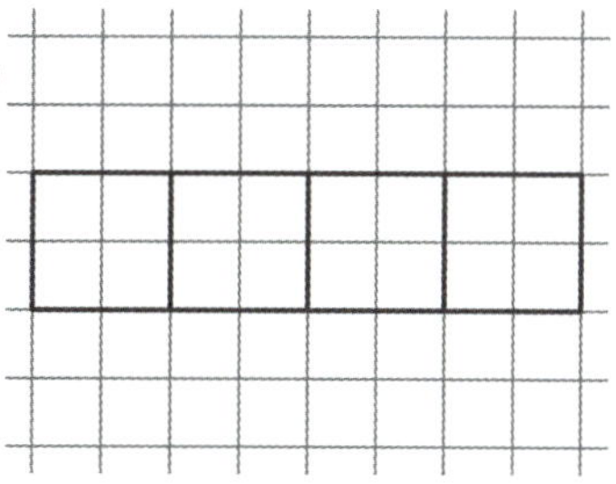

# Sachrechnen – Rund um den Zirkus

① Nina besucht mit ihren Eltern am Sonntag die erste Zirkusvorstellung. Vorher gehen sie um 11.00 Uhr in den Zirkus-Zoo. Von ihrer Wohnung bis zum Zirkusplatz brauchen sie ungefähr $\frac{1}{2}$ Stunde. Die Zirkusvorstellung dauert genau 2 Stunden und 45 Minuten. Danach fahren sie sofort nach Hause.

**Vorstellungszeiten**
Werktags: 15.30 und 20.00 Uhr
Sonn- und Feiertage: 14.00 und 18.00 Uhr
Zirkus-Zoo an allen Vorstellungstagen immer ab 10.00 Uhr

**a)** Lies die Fragen. Prüfe, welche du mit Hilfe der Informationen beantworten kannst. Kreuze sie an.

- ☐ Wann ist die Zirkusvorstellung zu Ende? __________
- ☐ Wie lange dauert die Pause während der Zirkusvorstellung? __________
- ☐ Wann muss die Familie zu Hause losfahren? __________
- ☐ Wann sind Nina und ihre Eltern ungefähr wieder zu Hause? __________
- ☐ Wie teuer ist der Eintritt zum Zirkus-Zoo? __________
- ☐ Wie lange ist die Familie ungefähr insgesamt unterwegs? __________

**b)** Rechne und beantworte die Fragen. Trage die Lösungen oben ein.

② Löwen sind reine Fleischfresser. An 6 Tagen verfüttern die Tierpfleger 960 kg Fleisch an 12 Löwen. Die Menge Fleisch ist an jedem Tag etwa gleich.

**a)** Wie viele Kilogramm Fleisch fressen die 12 Löwen an einem Tag?

__________

**(b)** Welche Menge frisst ein Löwe ungefähr an einem Tag?

__________

| Löwen | 12 | 6 | 3 | 1 |
|---|---|---|---|---|
| Fleisch am Tag | | | | |

# Sachrechnen – Große Entfernungen

①

| | Istanbul | Rom | Moskau | Stockholm | Paris |
|---|---|---|---|---|---|
| Berlin | 2 200 km | 1 550 km | 1 850 km | 950 km | 1 050 km |
| Hamburg | 2 600 km | 1 750 km | 2 200 km | 950 km | 950 km |
| Köln | 2 450 km | 1 500 km | 2 250 km | 1 300 km | 500 km |
| München | 1 900 km | 950 km | 2 300 km | 1 600 km | 850 km |

Welche Städte sind es?
Wie weit ist es?
Ergänze die Aussagen.

Mein Onkel arbeitet 500 km von Köln entfernt. Er arbeitet in ______________.

Mein Freund ist nach Stockholm gezogen. Vorher hat er in München gewohnt. Die beiden Städte liegen ________ km auseinander.

In den Ferien sind wir von Berlin nach Rom geflogen. Das sind ________ km.

Im Urlaub waren wir in ______________________.
Das ist 1300 km von ____________ entfernt.

Meine Oma wohnt in der Nähe von ____________. Das ist 1 750 km von Hamburg entfernt.

② Setze die passenden Zahlen ein. Nutze die Karte im Buch.

Die Entfernung von München nach Nürnberg beträgt __165__ km. Von München nach Stockholm in Schweden sind es ________ km. Das ist fast _____-mal so weit. Mit Auto und Fähre ist man etwa _____ Stunden unterwegs.
Längere Strecken innerhalb Europas oder weltweit legt man schneller mit dem Flugzeug zurück. Von Frankfurt am Main nach New York sind es ___________ km. Wenn du nach Sydney (Australien) fliegen möchtest, musst du noch rund ___________ km weiter fliegen.
Die Entfernung von Frankfurt nach Sydney beträgt ___________ km.

10 | 24 | 1600 | 6205 | 10 000 | 16 503

Sydney

Stockholm

New York





SB ▸ 18/19 E ▸ 10 A ▸ 10

# Zahlen bis 10 000

① Wie viele kleine Würfel? Trage in die Stellentafel ein.

a)

| T | H | Z | E |
|---|---|---|---|
| | | | |

b)

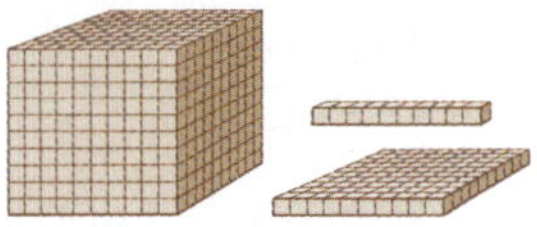

| T | H | Z | E |
|---|---|---|---|
| | | | |

c)

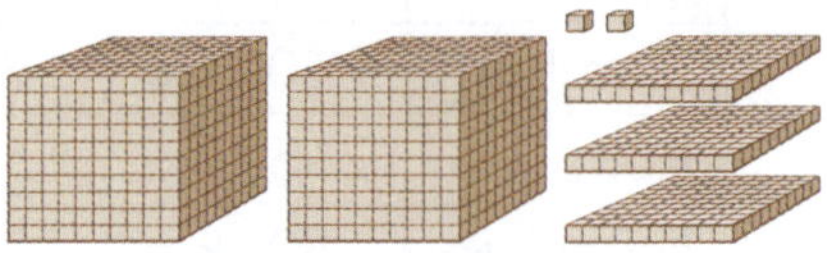

| T | H | Z | E |
|---|---|---|---|
| | | | |

d)

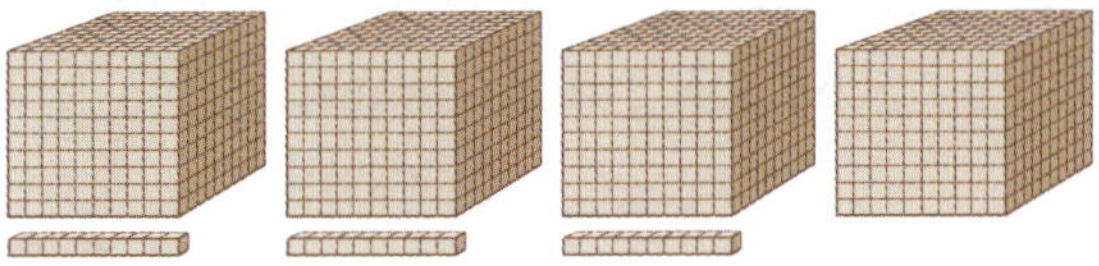

| T | H | Z | E |
|---|---|---|---|
| | | | |

e)

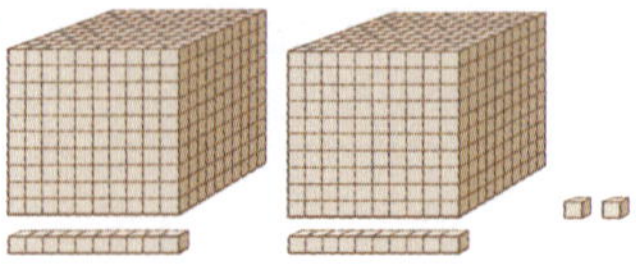

| T | H | Z | E |
|---|---|---|---|
| | | | |

② Wie heißen die Zahlen?

a) 5T 4H 3Z 5E 5435
2T 2H 5Z 2E ______
8T 3H 0Z 9E ______

(b) 4T 2H 3E ______
7T 4H 2Z ______
1T 3Z 8E ______

(c) 1T 1E ______
6T 2H ______
9T 3Z ______

③ Lege mit Zahlenkarten. Wie heißen die Zahlen?

a) 3000 + 400 + 90 + 8 = ______
7000 + 500 + 10 + 2 = ______
9000 + 100 + 60 + 9 = ______

b) 4000 + 600 + 9 = ______
2000 + 80 + 8 = ______
1000 + 100 + 10 = ______

④ Zerlege die Zahlen.

a) 2871 = 2000 + 800 + 70 + 1
1928 = ______
5346 = ______

b) 4205 = ______
9090 = ______
3008 = ______

⑤ Zahlenrätsel. Finde die passende Zahl.

Meine Zahl ist um 1 kleiner als 8000.
Vedat
Lösung: ______

Wenn man 1 Zehner zu meiner Zahl addiert, erhält man 4006.
Lea
Lösung: ______

Meine Zahl hat 0 Hunderter und 0 Zehner. Der Einer ist doppelt so groß wie der Tausender, aber kleiner als 4.
Nina
Lösung: ______

(1) Trage die markierten Zahlen ein.

a)
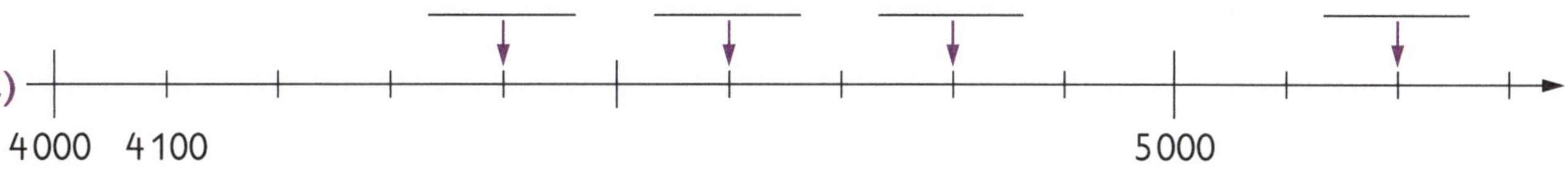


b)
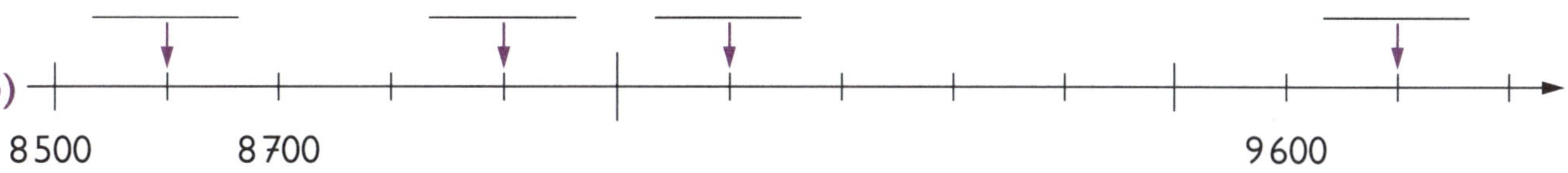


c)

(2) Finde die Nachbarzahlen.

a) Vorgänger (V), Nachfolger (N)

| V | Zahl | N |
|---|---|---|
| 8 698 | 8 699 | |
| | 4 973 | |
| | 5 999 | |
| | 7 909 | |
| | 4 001 | |

b) Nachbarhunderter (NH)

| NH | Zahl | NH |
|---|---|---|
| | 8 699 | |
| | 4 973 | |
| | 5 999 | |
| | 7 909 | |
| | 4 001 | |

(3) Setze die Zahlenfolgen fort. Wie heißen die Regeln?

a) 3 702, 3 802, 3 902, ______, ______, ______ Regel: immer ______
b) 9 500, 9 400, 9 300, ______, ______, ______ Regel: immer ______
c) 3 421, 4 421, 5 421, ______, ______, ______ Regel: immer ______
d) 7 220, 7 170, 7 120, ______, ______, ______ Regel: immer ______
e) 2 610, 3 110, 3 610, ______, ______, ______ Regel: immer ______

(4) Ergänze zum nächsten Tausender.

a)
580 + 420 = 1000
3 400 + ______ = ______
9 500 + ______ = ______
______ + ______ = 8 000
______ + ______ = 9 000

(b)
4 750 + ______ = ______
8 120 + ______ = ______
5 030 + ______ = ______
______ + ______ = 5 000
______ + ______ = 7 000





SB ▶ 22/23 E ▶ 12 A ▶ 12

# Zahlen bis 100 000

① Wie heißen die Zahlen? Trage in die Stellentafel ein und schreibe die Zahl.

**a)** 2T 3ZT 4Z 5E 1H

| ZT | T | H | Z | E |
|---|---|---|---|---|
| | | | | |

____________

**b)** 2H 5ZT 3Z

| ZT | T | H | Z | E |
|---|---|---|---|---|
| | | | | |

____________

**c)** 4Z 2E 4ZT 7T

| ZT | T | H | Z | E |
|---|---|---|---|---|
| | | | | |

____________

② Zerlege und schreibe die Zahlen.

**a)** 58 791 = 50 000 + 8 000 + 700 + 90 + 1

**b)** 36 809 = ____________

**c)** 45 003 = ____________

**d)** ________ = 30 000 + 5 000 + 600 + 80 + 2

**e)** ________ = 60 000 + 9 000 + 10 + 7

**f)** ________ = 10 000 + 200 + 9

③ Lies die Zahlwörter und schreibe die Zahlen.

**a)** vierundzwanzigtausendzweihunderteinunddreißig ____________

**b)** dreiundfünfzigtausendachthundertsieben ____________

**c)** sechsundachtzigtausendsiebenhundertneunzig ____________

**d)** zweiundvierzigtausendsiebzehn ____________

④ Bilde aus den Ziffern die beiden größtmöglichen und die beiden kleinstmöglichen fünfstelligen Zahlen. Trage sie der Größe nach geordnet in die Stellentafel ein.

9 5 3 7 1

| ZT | T | H | Z | E |
|---|---|---|---|---|
| | | | | |
| | | | | |
| | | | | |
| | | | | |

⑤ Rechne. Wie geht es weiter?

**a)**
15 + 10 = ________
150 + 100 = ________
1 500 + ______ = ________
______ + ______ = ________

**b)**
42 + 36 = ________
420 + 360 = ________
______ + ______ = ________
______ + ______ = ________

**c)**
54 + 23 = ________
______ + ______ = ________
______ + ______ = ________
______ + ______ = ________

**d)**
14 + 16 = ________
______ + ______ = ________
______ + ______ = ________
______ + ______ = ________





SB ▸ 24/25 E ▸ 13 A ▸ 13

(1) a) Trage die markierten Zahlen in die Kästchen ein.

b) Verbinde die Zahlen mit der richtigen Stelle am Zahlenstrahl.

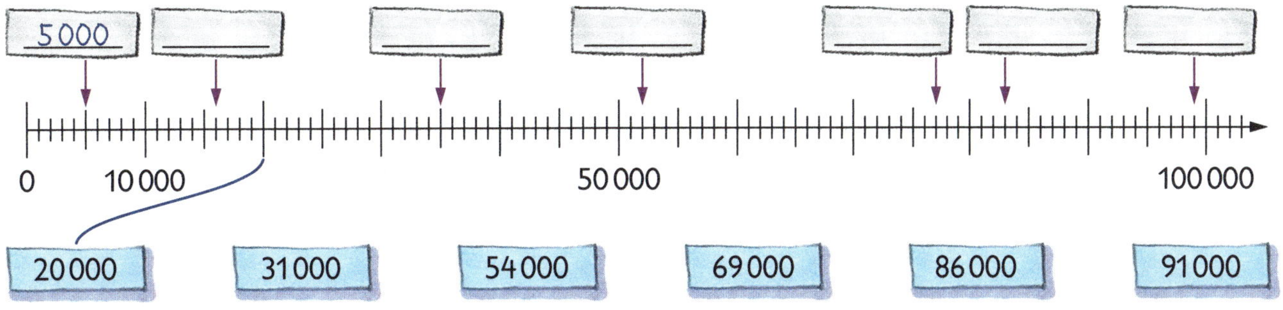


(2) Notiere Vorgänger und Nachfolger sowie die Nachbartausender (NT).

a)

| Vorgänger | Zahl | Nachfolger |
|---|---|---|
| | 21 386 | |
| | 50 100 | |
| | 89 999 | |
| | 66 000 | |

b)

| NT | Zahl | NT |
|---|---|---|
| | 24 253 | |
| | 59 721 | |
| | 42 000 | |
| | 87 013 | |

(3) Ordne der Größe nach.

a) Beginne mit der größten Zahl.

65 432 | 65 342 | 62 543 | 62 534 | 64 532

____________________

____________________

b) Beginne mit der kleinsten Zahl.

21 480 | 28 014 | 24 018 | 28 041 | 21 840

____________________

____________________

(4) Setze die Zahlenfolgen fort. Bestimme zuerst die Regel.

a) 75 500, 73 500, 71 500, ________, ________ Regel: immer ________

b) 49 900, 50 200, 50 500, ________, ________ Regel: immer ________

c) 82 400, 72 400, 62 400, ________, ________ Regel: immer ________

d) 52 000, 53 500, 55 000, ________, ________ Regel: immer ________

(5) Ergänze bis zum nächsten …

a) … Tausender.

62 500 + 500 = 63 000

97 200 + ______ = ______

41 800 + ______ = ______

29 300 + ______ = ______

b) … Zehntausender.

62 500 + 7500 = 70 000

97 200 + ______ = ______

41 800 + ______ = ______

29 300 + ______ = ______

# Übungen im Zahlenraum bis 100 000

(1) 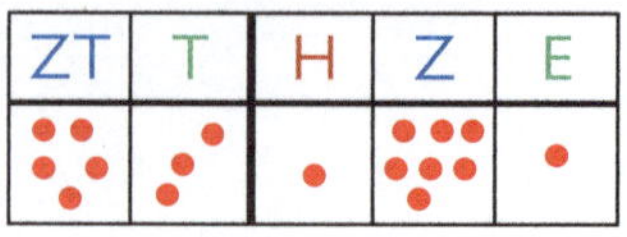


a) Wie heißt die Zahl? ______________

b) Welche Zahlen können entstehen, wenn du das Plättchen aus der Einerspalte verschiebst? Probiere und schreibe auf.

______________________________________________

c) Welche Zahlen können entstehen, wenn du zwei Plättchen hinzufügst? Notiere einige Zahlen.

______________________________________________

______________________________________________

(2) a)

| 60 000 | |
|---|---|
| 40 000 | |
| | 15 000 |
| 51 000 | |

b)

| 40 000 | |
|---|---|
| 10 000 | |
| | 32 000 |
| 24 000 | |

c)

| | 90 000 | |
|---|---|---|
| | 20 000 | |
| 45 000 | | |
| | | 38 000 |

(3) Runde auf Hunderter und auf Zehntausender.

| | gerundet auf | |
|---|---|---|
| | Hunderter | Zehntausender |
| 53 478 | 53 500 | 50 000 |
| 28 135 | | |
| 82 569 | | |
| 67 024 | | |

**Runden**

Die nächstkleinere Stelle entscheidet, ob aufgerundet oder abgerundet wird.

auf Hunderter: 53 478 ≈ 53 500
auf Zehntausender: 53 478 ≈ 50 000

(4) Im Ticketverkauf *Hess-Tickets* wurden im vergangenen Jahr diese Konzertkarten verkauft. Runde auf Tausender und zeichne ein Balkendiagramm.

Rockkonzerte 14 420 ≈ ______________ Gitarrenkonzerte 13 408 ≈ ______________

Jazzkonzerte 8 515 ≈ ______________ Klavierkonzerte 5 678 ≈ ______________

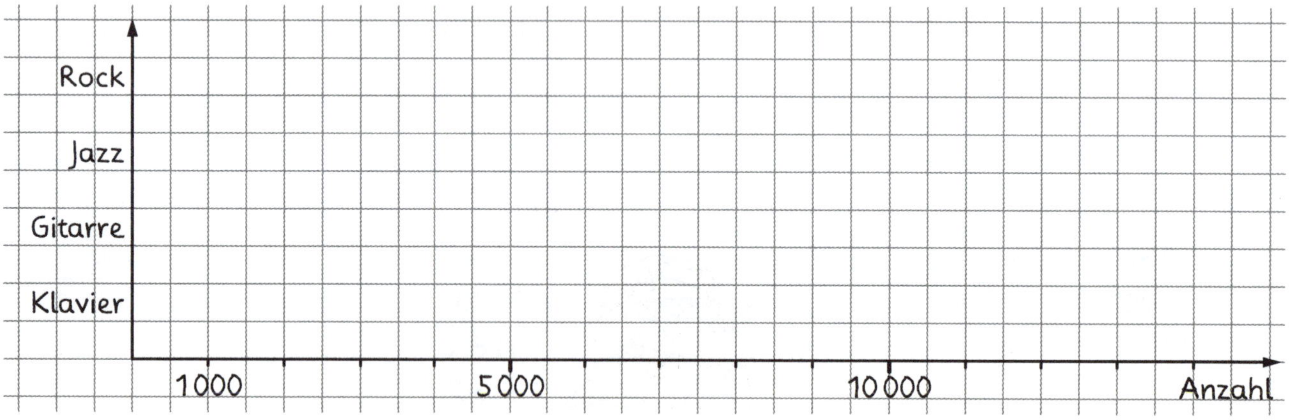




SB ▸ 28/29 E ▸ 15 A ▸ 15

① Wie heißen die Zahlen? Schreibe und lies.

| M | HT | ZT | T | H | Z | E |
|---|---|---|---|---|---|---|
| | | | | | | |

a) 2HT 5ZT 9T 3H 2Z 7E ______
5HT 8ZT 6T 0H 9Z 1E ______
6HT 3T 5H 2E ______
8HT 1ZT 3T ______

ⓑ 4ZT 2H 8HT 3E 1Z 6T ______
2T 5HT 2H 4Z 9E ______
9Z 2HT 5T 1E 8ZT ______
9HT 3H 2ZT 6E 3Z ______

② Lies die Zahlwörter und schreibe die Zahlen.

a) dreihundertelftausendsechshundertachtundfünfzig ______
b) achthundertachtundachtzigtausendvierhundertvier ______
c) sechshundertneunundneunzigtausendzweihundertdreißig ______
d) fünfhundertfünfundfünfzigtausendfünf ______
e) einhunderttausendeinunddreißig ______
f) neunhundertzwanzigtausendneunhundertzwanzig ______

③ Lies die Zahlen am Zahlenstrahl ab.

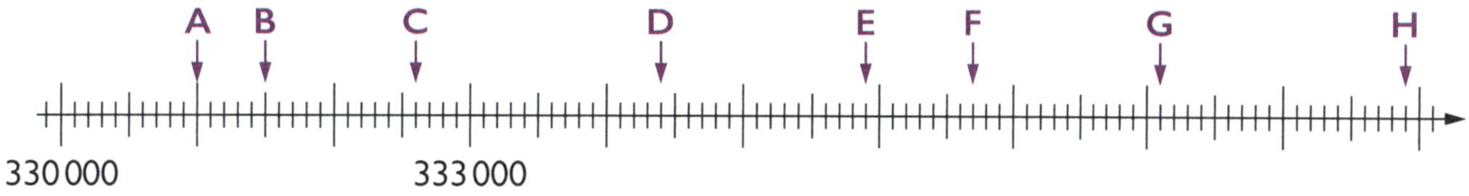


A ______ C ______ E ______ G ______

B ______ D ______ F ______ H ______

④ Ordne die Zahlen der Größe nach. Beginne mit der kleinsten Zahl.

a)
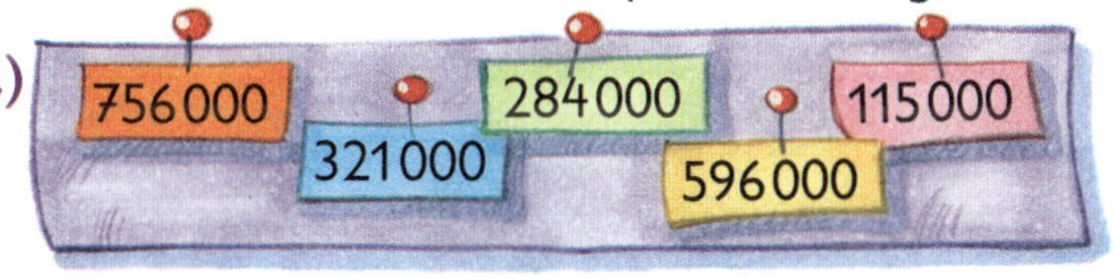


______

______

b)
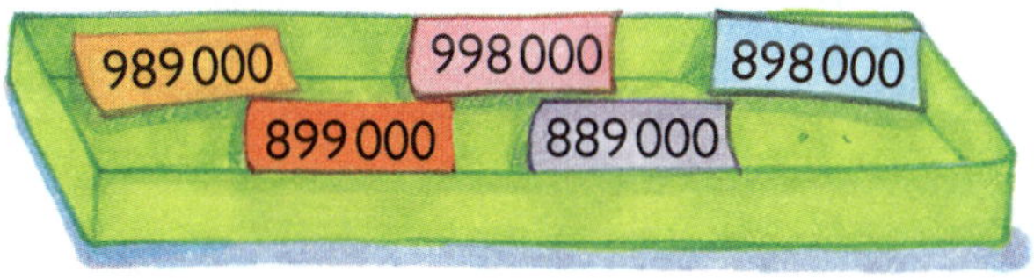


______

______

⑤ Notiere die Nachbarzahlen.

a) Nachbarhunderttausender

| NHT | Zahl | NHT |
|---|---|---|
| | 333 128 | |
| | 187 374 | |
| | 995 859 | |
| 500 000 | | 600 000 |

b) Nachbarzehntausender

| NZT | Zahl | NZT |
|---|---|---|
| | 333 128 | |
| | 187 374 | |
| | 995 859 | |
| 550 000 | | 560 000 |

# Großstädte in Deutschland – Schaubilder

① Als Großstädte bezeichnet man Städte mit mehr als 100 000 Einwohnern.

**a)** Ordne die Städte nach ihren Einwohnerzahlen. Beginne mit der kleinsten.

| | Stadt | Einwohnerzahl |
|---|---|---|
| | Leipzig | 510 512 |
| | Halle | 234 140 |
| | Erfurt | 202 929 |
| | Jena | 102 756 |

| | Stadt | Einwohnerzahl |
|---|---|---|
| | Dresden | 507 513 |
| | Chemnitz | 244 951 |
| | Potsdam | 150 833 |
| 1. | Gera | 101 618 |

**b)** Notiere die Städte der Größe nach. Runde ihre Einwohnerzahlen auf Zehntausender.

| Stadt | gerundete Einwohnerzahl |
|---|---|
| 1. Gera | 100 000 |
| 2. | |
| | |
| | |

| Stadt | gerundete Einwohnerzahl |
|---|---|
| | |
| | |
| | |
| | |

**c)** Vergleiche die gerundeten Einwohnerzahlen. Setze passende Städtenamen ein.

**A** ________________________________ haben ungefähr fünfmal so viele Einwohner wie ______________________.

**B** Die Einwohnerzahlen von ________________________________ sind ungefähr doppelt so groß wie die von ______________________.

**C** ________________________________ haben etwa eine halbe Million Einwohner.

**D** ________________________________ hat ungefähr so viele Einwohner wie ______________________.

② Stelle die gerundeten Einwohnerzahlen in einem Balkendiagramm dar. Zeichne 1 cm für 100 000 Einwohner.

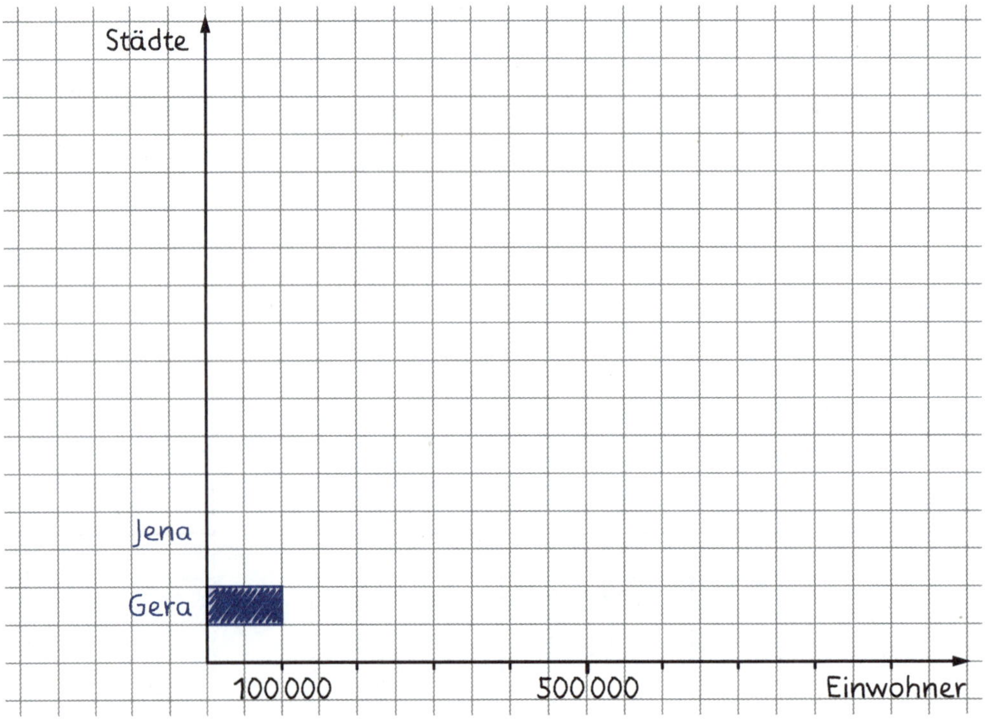

SB ▸ 32/33 E ▸ 17 A ▸ 17

# Kilometer, Meter, Zentimeter, Millimeter

(1) Wie viele Meter sind es?

| a) | | b) | | c) | |
|---|---|---|---|---|---|
| 3 km = | ______ | 2 km 420 m = | ______ | 2,553 km = | ______ |
| 7 km = | ______ | 6 km 793 m = | ______ | 0,75 km = | ______ |
| 12 km = | ______ | 9 km 24 m = | ______ | 6,1 km = | ______ |
| 25 km = | ______ | 17 km 5 m = | ______ | 6,05 km = | ______ |

(2) Schreibe in Kilometern mit Komma.

| a) | | b) | | c) | |
|---|---|---|---|---|---|
| 9 km 395 m = | ______ | 6 431 m = | ______ | 240 m = | ______ |
| 2 km 185 m = | ______ | 2 975 m = | ______ | 35 m = | ______ |
| 7 km 12 m = | ______ | 750 m = | ______ | 5 m = | ______ |
| 8 km 7 m = | ______ | 1 m = | ______ | 99 m = | ______ |

(3) Schreibe auf drei Arten.

| | m | m | cm | cm | |
|---|---|---|---|---|---|
| 4,83 m = | | | | | = ______ |
| 8,25 m = | | | | | = ______ |
| ______ = | | 9 | 0 | 2 | = ______ |
| ______ = | | | 7 | 9 | = ______ |
| ______ = | | | | | = 21 cm |
| ______ = | | | | | = 672 cm |
| 12,38 m = | | | | | = ______ |
| ______ = | | | | | = 1 505 cm |

(4) Wandle in mm um.

a)
- 10 cm = ______
- 4 cm = ______
- 9 cm = ______
- 16 cm = ______

b)
- 15 cm 3 mm = ______
- 47 cm 9 mm = ______
- 70 cm 5 mm = ______
- 18 cm 8 mm = ______

(5) Zeichne die Strecken. Gib die Länge in cm und in mm an.

a) 4,2 cm b) 6,9 cm c) 101 mm d) 35 mm e) 18 mm f) 7 mm

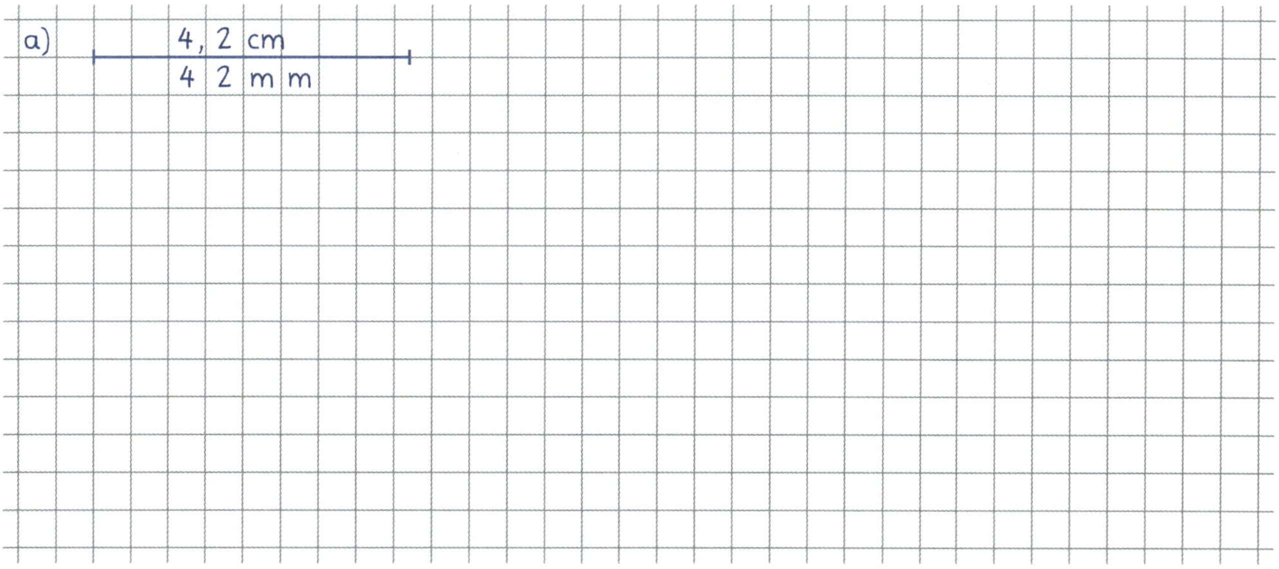

# Längen / Geometrische Körper

① Wie viele Meter sind es?

$3\frac{1}{2}$ km = ____________
7,25 km = ____________
$\frac{3}{4}$ km = ____________
8,5 km = ____________
4,75 km = ____________
$\frac{1}{4}$ km = ____________

② Wie viele Zentimeter sind es?

0,75 m = ____________
$\frac{3}{4}$ m = ____________
$2\frac{1}{2}$ m = ____________
0,25 m = ____________
9,5 m = ____________
$\frac{1}{4}$ m = ____________

③ <, > oder = ?

$2\frac{1}{2}$ km ◯ 2,6 km
750 m ◯ $\frac{3}{4}$ km
$\frac{1}{4}$ km ◯ 0,5 km
250 cm ◯ $\frac{1}{4}$ m
1,6 m ◯ $1\frac{1}{4}$ m
$\frac{1}{2}$ m ◯ 50 cm

④ Ordne der Länge nach.

360 cm | $3\frac{1}{2}$ m | 3,3 m | 33 cm | 333 mm | $\frac{3}{4}$ km | 30 cm

______________________________________________

______________________________________________

⑤ Wie heißen die Körper? Ordne zu.

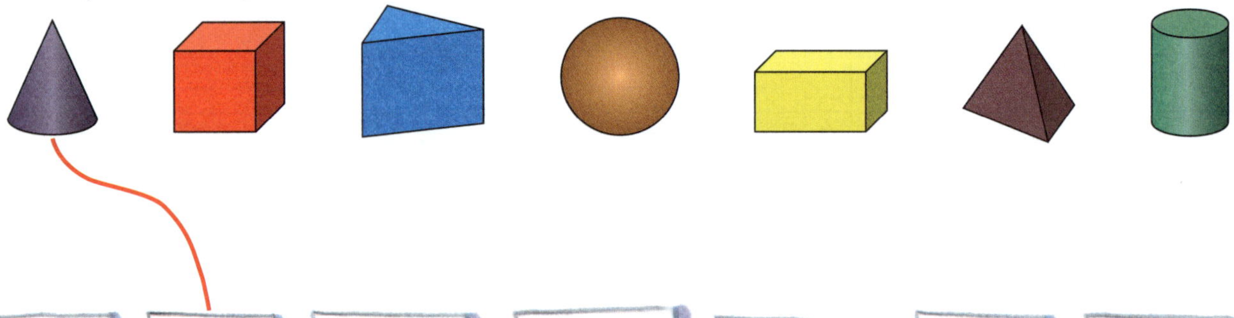

Prisma | Kegel | Würfel | Quader | Zylinder | Kugel | Pyramide

⑥ Welche Eigenschaften haben die Körper?
Wie heißen die Körper mit den angegebenen Eigenschaften? Ergänze die Tabelle.

| | ebene Flächen | gewölbte Flächen | gerade Kanten | gekrümmte Kanten | Ecken |
|---|---|---|---|---|---|
| A Würfel | | | | | |
| B Quader | | | | | |
| C ____________ | 5 | – | 8 | – | 5 |
| D Zylinder | | | | | |
| E Prisma | 5 | – | 9 | – | 6 |
| F ____________ | – | 1 | – | – | – |
| G Kegel | | | | | |





SB ►38/39 E ►20 A ►20

① Trage die Namen der Körper ein und verbinde.

Ich habe 2 gleich große Kreisflächen.

Ich habe 12 Kanten und 8 Ecken.

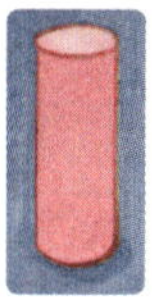

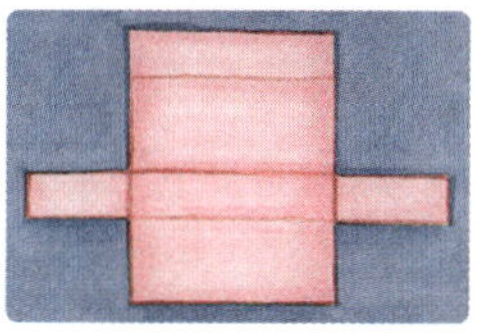

Ich habe 3 rechteckige und 2 dreieckige Flächen.

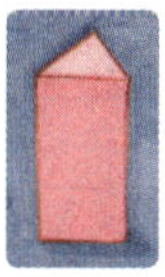

Ich habe 6 gleich große quadratische Flächen.

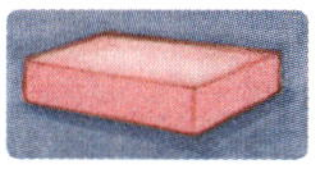

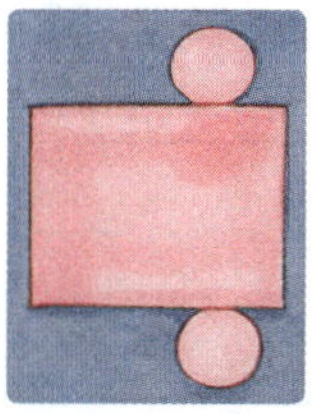

Ich habe 5 Flächen.

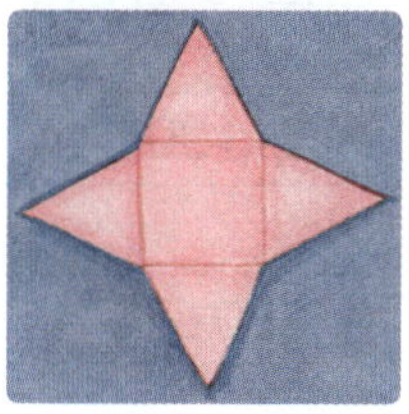

Ich habe eine Ecke und eine Kante.

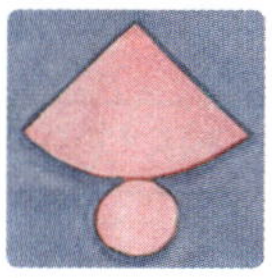

② Ein Quader ist 5 cm lang, 2 cm breit und 1 cm hoch. Zeichne sein Netz.

# Addieren und subtrahieren 1

① Addiere.

a)
342 000 + 3 = ______
342 000 + 30 = ______
342 000 + 300 = ______
342 000 + ______ = ______
______ + ______ = ______
______ + ______ = ______

b)
83 514 + 50 000 = ______
83 514 + 5 = ______
83 514 + 500 = ______
83 514 + 50 = ______
83 514 + 500 000 = ______
83 514 + 5 001 = ______

② Subtrahiere.

a)
879 685 − 6 = ______
879 685 − 60 = ______
879 685 − 600 = ______
879 685 − ______ = ______
______ − ______ = ______
______ − ______ = ______

b)
98 764 − 7 = ______
98 764 − 70 000 = ______
98 764 − 7 000 = ______
98 764 − 700 = ______
98 764 − 70 = ______
98 764 − 70 700 = ______

③ a)

| + | 400 000 | 40 000 | | 4 | | 40 |
|---|---|---|---|---|---|---|
| 213 004 | | | 213 404 | | | |
| | | | | 408 536 | | |
| 560 620 | | | | | 564 620 | |

b)

| − | 300 000 | 30 000 | | 300 | | 3 |
|---|---|---|---|---|---|---|
| 996 400 | | | 993 400 | | | |
| | | | | 383 200 | | |
| 560 620 | | | | | 560 590 | |

④ Immer zwei Aufgaben gehören zusammen. Verbinde sie mit einer Linie.
Beginne beim Ausrechnen mit der leichteren der beiden Aufgaben.

89 653 − 60 000 = ______

89 653 − 40 050 = ______

89 653 − 60 600 = ______

965 843 − 600 000 = ______

965 843 − 670 000 = ______

765 843 − 340 000 = ______

89 653 − 40 000 = ______

765 843 − 340 800 = ______





SB ▸ 42/43 E ▸ 22 A ▸ 22

(1) Berechne die fehlenden Zahlen und notiere die Aufgaben.

a) 40 200 —(+30 000)→ ____ —(+800)→ ____

40 200 + 30 800 = ____

b) ____ ←(−700)— ____ ←(−8 000)— 29 500

____

(2) Rechne in Schritten.

a) 64 400 + 13 600 =
  ____ + ____ = ____

b) 49 500 − 18 800 =
  ____ − ____ = ____

(3) Rechne schriftlich und setze das Muster fort.

a)

| | | | |
|---|---|---|---|
| 47 536 | 80 036 | 112 536 | |
| + 32 500 | + 32 500 | + 32 500 | + |

b)

| | | | |
|---|---|---|---|
| 161 392 | 272 503 | 383 614 | |
| + 243 817 | + 243 817 | + 243 817 | + |

c)

| | | | |
|---|---|---|---|
| 31 242 | 41 343 | 51 444 | |
| + 92 951 | + 82 850 | + 72 749 | + |

d)

| | | | |
|---|---|---|---|
| 181 751 | 201 762 | 221 773 | |
| + 254 321 | + 254 321 | + 254 321 | + |

(4) Ergänze die fehlenden Ziffern so, dass die Rechnung stimmt.

a)
```
  1 _ _ 4 5 _
+ _ 6 4 _ _ 1
-------------
  6 8 7 6 8 7
```

b)
```
   8 4 3 2 6 1
+  _ _ _ _ _ _
--------------
 1 0 5 8 9 3 4
```

c)
```
  6 _ 1 _ 3 _
+ 2 5 _ 5 _ 9
-------------
  9 0 6 3 4 9
```

d)
```
  _ _ _ _ 0
+ 3 2 9 7 0
-----------
  8 0 0 8 0
```

# Addieren und subtrahieren 3

① Ergänze die fehlenden Ziffern.

| a) | b) | c) | d) |
|---|---|---|---|
| 9 7 5 3 1 | □ □ □ □ □ □ | 3 □ 5 □ 1 | □ □ □ 0 0 0 |
| − □ □ □ □ □ | − 5 4 6 3 0 1 | − □ 1 □ 0 | − 1 9 8 □ □ □ |
| 3 3 4 1 1 | 3 3 6 1 1 2 | 2 5 3 0 0 | 2 0 1 3 9 0 |

② Umkehrzahlen. Setze das Muster fort, bis sich die Aufgabe wiederholt.

a)

| | | | | |
|---|---|---|---|---|
| 9 9 6 4 | 6 5 5 2 | 9 9 6 3 | 6 6 4 2 | 7 6 4 1 |
| − 4 6 9 9 | − 2 5 5 6 | − 3 6 9 9 | − | − |
| 1 1 | | | | |
| 5 2 6 5 | | | | |

**Tipp:** Aus den Ziffern der vorausgegangenen Differenz wird die neue Aufgabe gebildet.
Ordne die Ziffern der beiden neuen Zahlen der Größe nach.

b)

| | | | | |
|---|---|---|---|---|
| 8 7 2 1 | 7 4 4 3 | 9 9 6 3 | | |
| − 1 2 7 8 | − 3 4 4 7 | − | − | − |
| 1 1 | | | | |
| 7 4 4 3 | | | | |

ⓒ Wähle eine eigene Startzahl und verfahre genauso.

ⓓ Was fällt dir auf? ____________________

③ Im Kopf oder schriftlich?
Kreuze die Aufgaben an, die du schneller im Kopf rechnen kannst.
Notiere die Ergebnisse. Diskutiere deine Einschätzung mit einem Partner.

- □ 79 004 − 78 998 = ______
- □ 15 006 − 3 006 = ______
- □ 89 615 − 20 005 = ______
- □ 298 147 + 33 056 = ______
- □ 111 111 + 333 222 = ______
- □ 80 500 − 72 500 = ______
- □ 19 640 + 360 = ______
- □ 997 000 + 3 800 = ______
- □ 681 513 + 457 864 = ______
- □ 250 000 + 750 000 = ______

**1** Addiere schriftlich.

| | | | | | |
|---|---|---|---|---|---|
| | 4 | 3 | 7 | 5 | 6 |
| + | 1 | 2 | 3 | 4 | 5 |
| + | | 7 | 3 | 4 | 9 |

| | | | | | |
|---|---|---|---|---|---|
| | 1 | 4 | 5 | 7 | 7 |
| + | 6 | 7 | 5 | 1 | 0 |
| + | 2 | 3 | 4 | 6 | 5 |

| | | | | | | |
|---|---|---|---|---|---|---|
| | 1 | 7 | 3 | 0 | 1 | 0 |
| + | | 1 | 3 | 7 | 5 | 7 |
| + | | 4 | 9 | 2 | 3 | 3 |

| | | | | | |
|---|---|---|---|---|---|
| | 5 | 1 | 0 | 9 | 2 |
| + | 1 | 2 | 7 | 7 | 3 |
| + | | 3 | 3 | 3 | 3 |

**2** Bilde Subtraktionsaufgaben mit 2 Subtrahenden! Prüfe mit der Umkehraufgabe!

34756

76977

100375

221479

40331

13456

| | |
|---|---|
| − | + |
| − | + |

| | |
|---|---|
| − | + |
| − | + |

| | |
|---|---|
| − | + |
| − | + |



**3** **a)** Verteile die Zahlen 30, 31, 32, 33, 34, 35 so auf die Kästchen, dass die Summe der drei Zahlen auf jeder Dreiecksseite jeweils gleich ist.

Finde Lösungen mit …

**A** … den größten Zahlen in den Eckpunkten.
**B** … den kleinsten Zahlen in den Eckpunkten.
**C** … geraden Zahlen in den Eckpunkten.
**D** … ungeraden Zahlen in den Eckpunkten.

30 31 32 33 34 35

**b** Weshalb erhältst du die größte Summe, wenn die größten Zahlen in den Ecken stehen?

______________________________________________

______________________________________________



SB ▸ 48/49 E ▸ 25 A ▸ 25

**Bundesliga Zuschauerzahlen – November 2008**

| Verein | Spiele | Gesamt-zuschauer-zahl |
|---|---|---|
| Arminia Bielefeld | 7 | 158 000 |
| Bayer Leverkusen | 8 | 163 100 |
| Bayern München | 7 | 483 000 |
| Borussia Dortmund | 8 | 576 704 |
| Borussia Mönchengladbach | 8 | 375 700 |
| Eintracht Frankfurt | 7 | 320 100 |
| Energie Cottbus | 7 | 108 390 |
| 1. FC Köln | 7 | 346 000 |
| FC Schalke 04 | 7 | 429 669 |
| Hamburger SV | 7 | 382 982 |
| Hannover 96 | 8 | 328 563 |
| Hertha BSC | 8 | 339 036 |
| 1899 Hoffenheim | 8 | 209 800 |
| Karlsruher SC | 7 | 196 800 |
| VfB Stuttgart | 8 | 404 800 |
| VfL Bochum 1848 | 8 | 190 832 |
| VfL Wolfsburg | 7 | 178 933 |
| Werder Bremen | 8 | 322 520 |

(1) a) Welche vier Vereine hatten im November die meisten Zuschauer? Notiere die Vereine in der richtigen Reihenfolge.

1. ______________________
2. ______________________
3. ______________________
4. ______________________

b) Berechne die Differenz zwischen der größten und kleinsten Zuschauerzahl. Benenne die beiden Vereine.

______________________

______________________

c) Wie viele Zuschauer kamen in Köln weniger ins Stadion als in München?

______________________

______________________

(2) Welcher Verein ist gemeint?

a) Marco aus München staunt, dass sein Heimatverein 93 704 Zuschauer weniger zu verzeichnen hatte als ein Verein aus Nordrhein-Westfalen.

Der gesuchte Verein heißt ______________________.

b) Anna freut sich, dass ihr Verein von 107 149 Fans mehr im Stadion unterstützt wurde als Werder Bremen.

Der gesuchte Verein heißt ______________________.

SB ▸ 50/51 E ▸ 26 A ▸ 26

① Rechne.

a)
4 · 7 = ______
4 · 70 = ______
4 · 700 = ______
4 · 7 000 = ______
4 · 70 000 = ______

b)
6 · 5 = ______
6 · 50 = ______
6 · 500 = ______
6 · 5 000 = ______
6 · 50 000 = ______

c)
9 · 8 = ______
9 · 80 = ______
9 · 800 = ______
9 · 8 000 = ______
9 · 80 000 = ______

② Rechne zuerst die leichte Aufgabe aus dem kleinen Einmaleins.

3 · 4 = 12

a)
3 · 40 = ______
3 · 4000 = ______
3 · 400 = ______
3 · 40 000 = ______

b)
6 · 6 000 = ______
6 · 60 = ______
6 · 60 000 = ______
6 · 600 = ______

c)
7 · 90 000 = ______
7 · 9 000 = ______
7 · 900 = ______
7 · 90 = ______

③ Viele Nullen

a)
20 · 40 = ______
70 · 50 = ______
80 · 30 = ______
50 · 60 = ______

b)
60 · 80 = ______
6 · 80 = ______
60 · 800 = ______
600 · 800 = ______

c)
600 · 40 = ______
4 000 · 30 = ______
800 · 700 = ______
500 · 400 = ______



④ a)

| · | 200 | 90 | 6 000 |
|---|---|---|---|
| 40 | | | |
| 70 | | | |
| 30 | | | |

b)

| · | 80 | 500 | |
|---|---|---|---|
| 50 | | | |
| 60 | | | 42 000 |
| | 6 400 | | |

⑤ Immer zwei Aufgaben haben dasselbe Ergebnis. Verbinde sie mit einer Linie.

60 · 90 | 900 · 600 | 9 000 · 6 | 9 · 60 | 60 000 · 9 | 6 · 90 | 900 · 6 | 600 · 90

⑥ Finde die passenden Aufgaben.

a) 180 000

3 · 60 000
30 · ______
______ · ______
______ · ______
______ · ______

b) 810 000

______ · ______
______ · ______
900 · 900
______ · ______
______ · ______

c) ______

______ · ______
______ · ______
______ · ______
______ · ______
______ · ______



SB ▸ 54/55 E ▸ 28 A ▸ 28

# Schriftlich multiplizieren 1

① Multipliziere schriftlich.

a) 3212 · 2
b) 7684 · 3
c) 4537 · 5
d) 6975 · 7
e) 8746 · 6
f) 1923 · 9
g) 9240 · 8
h) 5004 · 5

6424 17307 22685 23052 25020 32025 48825 52476 73920

② Überschlage zuerst. Multipliziere dann schriftlich.

a) Ü: 6000 · 4 =
6326 · 4

b) Ü: 5000 · 7 =
4913 · 7

c) Ü:
7852 · 3

d) Ü:
9174 · 8

e) Ü:
3085 · 9

f) Ü:
8509 · 6



③ a) Vier Aufgaben sind falsch. Markiere die Fehler mit Farbe und rechne richtig.

| | | | |
|---|---|---|---|
| A 4326 · 6 = 25956 | B 8697 · 3 = 25891 | C 5126 · 4 = 20504 | D 6324 · 8 = 504192 |
| E 9289 · 5 = 46445 | F 7425 · 9 = 66825 | G 3030 · 7 = 210210 | H 9783 · 6 = 59298 |

b) Diese Fehler wurden gemacht.
Schreibe die Buchstaben der Aufgaben zu den Fehlern.

Fehler im Einmaleins
Aufgabe: ____________

Übertrag in das Ergebnis geschrieben
Aufgabe: ____________

Übertrag vergessen
Aufgabe: ____________

**1** Überschlage. Multipliziere schriftlich.

a) Ü: ☐ · ☐

4 3 2 · 5 9

b) Ü:

8 2 4 6 · 2 5

c) Ü:

2 7 1 · 6 4

d) Ü:

9 3 8 9 · 7 6

---

**2** a) Finde die Fehler in den Aufgaben und markiere sie farbig.
Verbinde jede Aufgabe mit dem entsprechenden Fehler.

**A**

```
8094 · 17
    8094
    55657
     1  1
  136597
```

**B**

```
7028 · 34
    2184
    28112

   49952
```

**C**

```
9652 · 46
   38608
    54912
   1 1
  440992
```

**D**

```
6743 · 89
   53944
    60687
   1 1 1 1
  600227
```

(In D ist die 2 eingekreist und mit „Fehler beim Addieren“ verbunden.)

- Übertrag vergessen
- Einmaleinsfehler
- Null nicht multipliziert
- Fehler beim Addieren

b) Rechne richtig.

---

**3** Multipliziere. Achte auf die Null.

a) 3 0 6 · 7 0 2

b) 6 5 0 · 3 0 9

c) 8 0 4 · 6 8 0

200 850   214 812   428 720   546 720





SB ▸ 58/59  E ▸ 30  A ▸ 30

# Schriftlich multiplizieren 3

① Wie rechnest du? Im Kopf (K) oder schriftlich (S). Trage ein und rechne dann.

| a) | | b) | | c) | |
|---|---|---|---|---|---|
| 1 111 · 3 = 3333 | K | 43 792 · 7 = ____ | ☐ | 62 758 · 5 = ____ | ☐ |
| 9 348 · 9 = ____ | ☐ | 50 100 · 9 = ____ | ☐ | 25 002 · 2 = ____ | ☐ |
| 6 003 · 5 = ____ | ☐ | 19 999 · 4 = ____ | ☐ | 87 316 · 7 = ____ | ☐ |
| 4 307 · 6 = ____ | ☐ | 76 543 · 8 = ____ | ☐ | 94 589 · 0 = ____ | ☐ |

② Max kauft mit seinem Vater für seinen Kindergeburtstag ein.
So sieht der Einkaufszettel aus:

- 3 Packungen Kekse ____ €
- 6 Flaschen Apfelsaft ____ €
- 2 Kästen Mineralwasser ____ €
- 3 Pizzen ____ €
- 12 Müsliriegel ____ €

a) Berechne die Preise der angegebenen Mengen. Notiere sie neben dem Einkaufszettel.

b) Wie viel muss Max insgesamt bezahlen? ____

③ Überschlage und rechne schriftlich.

a) Ü:

2 1, 7 6 € · 4

b) Ü:

1 4, 3 8 € · 2 3

### SIBIRISCHER TIGER

| | |
|---|---|
| Lebensraum: | Asien |
| Nahrung: | Fleisch von Rindern, Antilopen, Hirschen, bis 8 kg pro Tag |
| Alter: | bis 25 Jahre |
| Gewicht: | bis zu 280 kg |
| Größe: | bis zu 105 cm hoch |

### GORILLA

| | |
|---|---|
| Lebensraum: | Afrika |
| Nahrung: | Früchte, Gräser, Baumrinde, Männchen bis 40 kg pro Tag, Weibchen bis 15 kg pro Tag |
| Alter: | bis 60 Jahre |
| Gewicht: | bis zu 200 kg |
| Größe: | bis zu 175 cm hoch |

### GROSSER PANDA

| | |
|---|---|
| Lebensraum: | China |
| Nahrung: | Bambus, bis 19 kg pro Tag |
| Alter: | bis 14 Jahre |
| Gewicht: | bis zu 160 kg |
| Größe: | bis zu 170 cm hoch |



(1) Der Zoo hat vier Tiger. Wie viele Kilogramm Fleisch benötigt der Zoo an einem Tag für seine Tiger? Wie viel in einer Woche? Wie viel in einem Jahr?

______________________________

______________________________

______________________________

(2) Im Zoo leben auch fünf Gorillas, ein Männchen und vier Weibchen.

**a)** Wie viele Kilogramm Futter benötigt der Zoo für sie in einer Woche?

______________________________

**b)** Im Januar hatte der Zoo noch ein Gorillamännchen mehr.

______________________________

(3) Ein Panda verbringt täglich 16 Stunden mit Fressen.

**a)** Wie viele Stunden sind das im Mai?

______________________________

**b)** Die Pandas sind täglich von 9 Uhr bis 11 Uhr und von 13 Uhr bis 16 Uhr zu sehen. Wie viele Stunden sind das in einem Jahr?

______________________________



SB ▸ 62/63 E ▸ 32 A ▸ 32

# Tonne, Kilogramm, Gramm

① Wandle um.

a)
3,4 kg = ________ g
0,05 kg = ________ g
2,004 kg = ________ g
$\frac{1}{2}$ kg = ________ g
$\frac{1}{4}$ kg = ________ g

b)
20 g = ________ kg
1 056 g = ________ kg
312 g = ________ kg
12 745 g = ________ kg
4 g = ________ kg

c)
3,4 t = ________ kg
2,132 t = ________ kg
0,200 t = ________ kg
0,01 t = ________ kg
$\frac{3}{4}$ t = ________ kg

② Vervollständige die Tabelle. Gib drei verschiedene Schreibweisen an.

| | | | | | | | |
|---|---|---|---|---|---|---|---|
| 3 252 kg | 463 kg | | | | | 2 978 kg | 832 kg |
| 3 t 252 kg | | 4 t 175 kg | | 35 t 84 kg | | | |
| 3,252 t | | | 7,54 t | | 0,09 t | | |

③ Wie viel fehlt
bis zum nächsten vollen Kilogramm?

712 g + ________ = 1 kg
7 kg 583 g + ________ = 8 kg
25 kg 40 g + ________ = ____ kg
9,123 kg + ________ = ____
0,01 kg + ________ = ____
$\frac{3}{4}$ kg + ________ = ____

④ Ergänze
bis zur nächsten vollen Tonne.

827 kg + ________ = 1 t
8 t 195 kg + ________ = 9 t
3 412 kg + ________ = ____ t
2,346 t + ________ = ____
9 t 1 kg + ________ = ____
$\frac{1}{2}$ kg + ________ = ____

⑤ Ordne der Größe nach.

$\frac{3}{4}$ kg | 7 g | 7,5 t | 7195 kg | 75 012 g | 0,7 t | 735 kg 219 g

________________________________________

⑥ a) Wer ist schwerer? ________

b) Wie groß ist der Unterschied? ________

c) Wie schwer bist du? Ich wiege ________ kg.
Das sind ________ g oder ________ t.

d) Wie viele Kinder wiegen zusammen ungefähr 1 t?

SB ▸ 64/65 E ▸ 33 A ▸ 33

(1) Schreibe auf drei verschiedene Arten.

a)
535 ml = 0 l 535 ml = 0,535 l
___ ml = 6 l 200 ml = ___ l
___ ml = ___ l ___ ml = 2,25 l
___ ml = 0 l 750 ml = ___ l

b)
___ ml = ___ l ___ ml = 0,459 l
15 ml = ___ l ___ ml = ___ l
___ ml = 4 l 250 ml = ___ l
___ ml = ___ l ___ ml = 12,02 l

(2) Immer zwei Angaben ergänzen sich zu 1 Liter. Verbinde zusammen gehörende Zettel.

0,6 l | 375 ml | 0,875 l | 400 ml | 0,625 l | $\frac{1}{8}$ l | 750 ml | 650 ml | 0,25 l | 500 ml | 0,35 l | 0,5 l

(3) Ali hat einen Vorrat von 2 l Mineralwasser. Wie viel behält er übrig, wenn er …

a) … 3 Becher füllt? ___ b) … 5 Gläser füllt? ___ c) … 5 Tassen füllt? ___

je 0,3 l

je 0,25 l

je 125 ml

(4) Stelle im Säulendiagramm dar, wie viele Milliliter Wasser 1 Kilogramm der Lebensmittel enthält.

820 ml*

450 ml*

750 ml*

920 ml*

* Wassergehalt pro kg

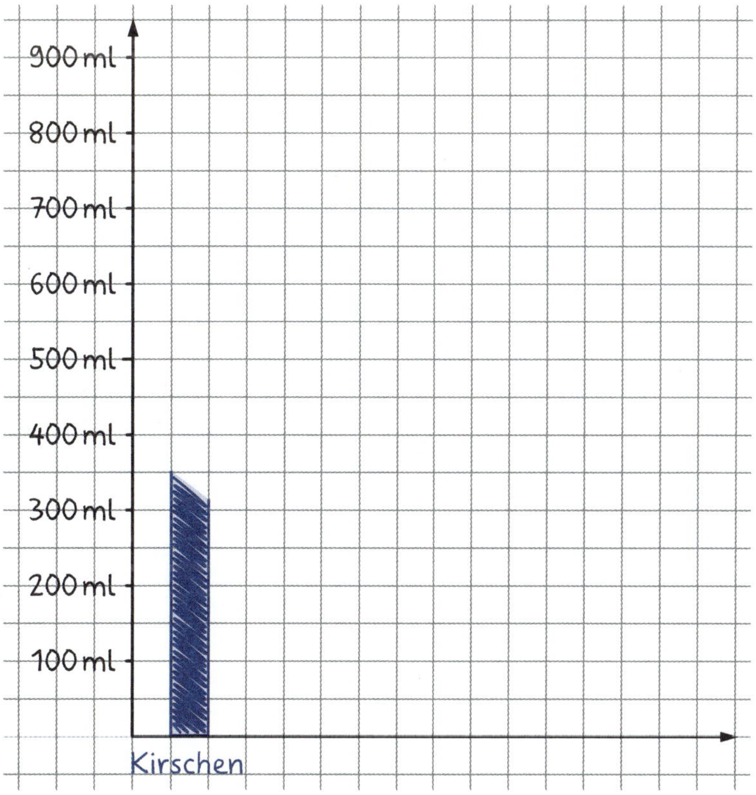






SB ▸ 66/67 E ▸ 34 A ▸ 34

# Vierecke

① Ergänze die Namen der Vierecksarten. Kennzeichne in allen Trapezen zueinander parallele Seiten blau. Kennzeichne in den Figuren alle rechten Winkel so: ⦜. Prüfe mit Hilfe des Geodreiecks.

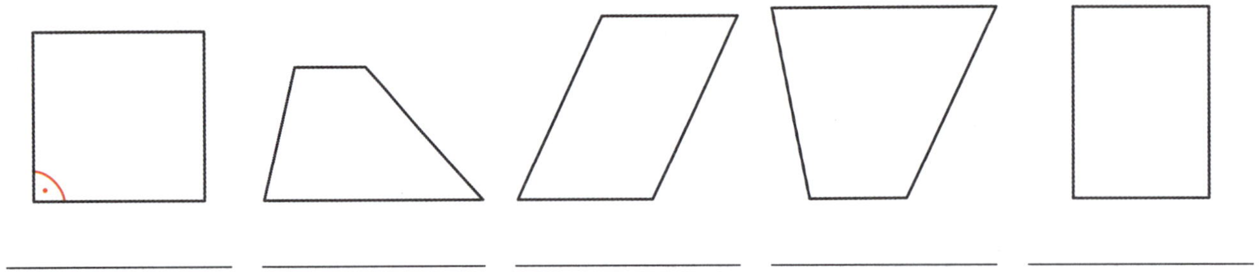

② Ergänze zu Trapezen.

③ Welche Eigenschaften treffen immer zu?

a) Notiere den Buchstaben in die passenden Zettel.

**A** Viereck
**B** Trapez
**C** Parallelogramm
**D** Rechteck
**E** Quadrat

vier Ecken, vier Seiten

mindestens ein Paar parallele Seiten

gegenüberliegende Seiten sind gleich lang

vier rechte Winkel

gegenüberliegende Seiten sind parallel

alle Seiten gleich lang

ⓑ Warum trifft eine Aussage für alle Vierecke zu?

① **A** Zeichne ein Rechteck. Eine Seite ist doppelt so lang wie die andere.

**B** Zeichne ein Parallelogramm. Zwei Seiten sind 25 mm lang.

**C** Zeichne ein Trapez. Der Abstand zwischen zwei Seiten ist 3 cm.

**D** Zeichne ein Viereck ohne besondere Eigenschaften.

② Markiere mit jeweils gleicher Farbe.

**a)** 2 Parallelogramme rot
5 Trapeze blau

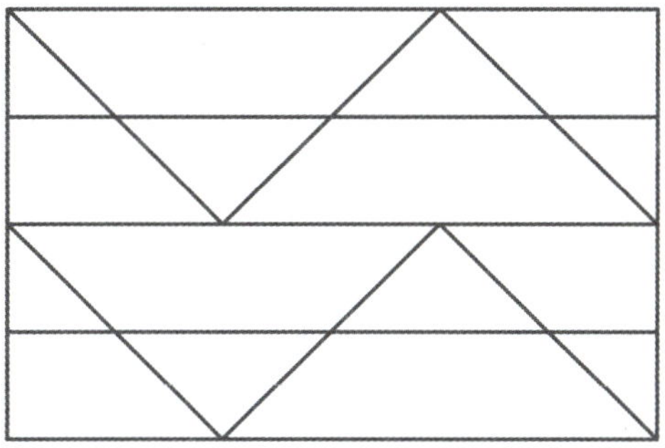

**b)** 4 Trapeze blau
4 Parallelogramme rot
4 Rechtecke gelb

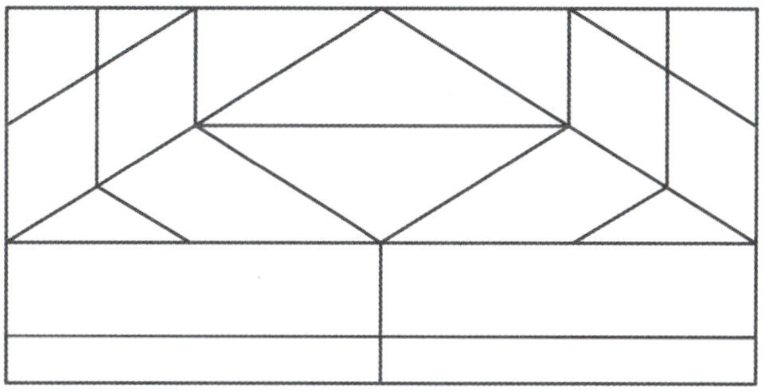

# Dividieren

**1** a) : 4

| | |
|---|---|
| 32 | 8 |
| 320 | |
| 3 200 | |
| 32 000 | |

b) : 5

| | |
|---|---|
| 350 | |
| 3 500 | |
| | 7 000 |
| | 70 000 |

c) : 7

| | |
|---|---|
| 56 000 | |
| | 80 000 |
| 560 | |
| | 800 |

**2** Rechne zuerst die Aufgabe aus dem kleinen Einmaleins.

a) 4 800 : 6 = ____
4 800 : 60 = ____
(48 : 6) 4 800 : 600 = ____

b) 16 000 : 400 = ____
160 : 40 = ____
1 600 : 400 = ____

c) 42 000 : 7 000 = ____
4 200 : 700 = ____
420 000 : 7 000 = ____

**3** Halbschriftlich dividieren

Finde Zerlegungen, mit denen du einfach rechnen kannst.

a) 4 7 0 0 : 5 =
4 5 0 0 : 5 =
2 0 0 : 5 =

1 1 7 0 : 3 =

3 2 6 4 : 8 =

b) 9 4 5 9 : 9 =

7 9 2 0 : 6 =

c) 4 0 2 5 5 : 5 =

5 8 3 2 0 : 6 =

**4** **A** Bilde die Hälfte von 1 552 und dividiere das Ergebnis durch 8.
Lösung: ____________________

**B** Dividiere die Summe der Zahlen 49 000 und 1 400 durch 7.
Lösung: ____________________

① a)

| T | H | Z | E | | | | | T | H | Z | E |
|---|---|---|---|---|---|---|---|---|---|---|---|
| 6 | 2 | 1 | 6 | : | 8 | = | | | 7 | | |
| 5 | 6 | | | | | | | | | | |

b)

| T | H | Z | E | | | | T | H | Z | E |
|---|---|---|---|---|---|---|---|---|---|---|
| 3 | 7 | 4 | 0 | : | 4 | = | | | | |

② Muss das genaue Ergebnis größer oder kleiner als der Überschlag sein?
Verbinde. Benutze die Farben rot und blau.

| | |
|---|---|
| 4689 : 9 | Ü: 4500 : 9 = 500 |
| 2916 : 6 | Ü: 3000 : 6 = 500 |
| 3462 : 6 | Ü: 3600 : 6 = 600 |
| 2205 : 7 | Ü: 2100 : 7 = 300 |
| 1856 : 8 | Ü: 1600 : 8 = 200 |
| 3895 : 5 | Ü: 4000 : 5 = 800 |

Das genaue Ergebnis muss etwas größer sein als der Überschlag.

Das genaue Ergebnis muss etwas kleiner sein als der Überschlag.



③ Überschlage zuerst. Kontrolliere mit der Probe.

a) Ü: 1600 : 8 =

1912 : 8 = 2
16

P: ______ · 8

b) Ü:

4795 : 5 =

P: ______ · 5

c) Ü:

7089 : 3 =

P: ______

d) Ü:

9870 : 6 =

P: ______



SB ▸ 74/75 E ▸ 38 A ▸ 38

# Schriftliches Dividieren üben

(1) Überschlag – Rechnung – Probe. Mit und ohne Rest.

a) Ü: ____ : 4 = ____

1 8 2 7 8 : 4 =

P: ____ · 4

b) Ü:

2 4 8 6 3 : 5 =

P: ____ · 5

c) Ü:

2 4 7 6 : 6 =

P: ____

d) Ü:

3 8 1 9 : 3 =

P: ____

e) Ü:

4 9 3 4 0 : 2 0 =

P: ____

f) Ü:

7 3 4 2 8 : 1 2 =

P: ____

(2) Finde den Fehler. Markiere die falschen Stellen.
Erkläre, was falsch gemacht wurde und rechne richtig.

```
18249 : 7 = 268
14
 42
 42
  049
   49
    0
```

① a)

176 : 4 = ______
1776 : 4 = ______
17776 : 4 = ______

______________________

b)

539 : 7 = ______
5439 : 7 = ______
54439 : 7 = ______

______________________

② In welche Kiste? Markiere die Aufgabe in der richtigen Farbe.

a)

5454 : 2 = ______
5544 : 2 = ______
14454 : 2 = ______
1454 : 2 = ______

b)

2181 : 3 = ______
8181 : 3 = ______
21816 : 8 = ______
21681 : 3 = ______

c)

16362 : 6 = ______
16632 : 6 = ______
4362 : 6 = ______
43362 : 6 = ______

d)

24948 : 9 = ______
24543 : 9 = ______
65043 : 9 = ______
6543 : 9 = ______

e)

3635 : 5 = ______
13635 : 5 = ______
13860 : 5 = ______
36135 : 5 =

f)

2908 : 4 = ______
11088 : 4 = ______
28908 : 4 = ______
10908 : 4 = ______

# Der Taschenrechner

① Schöne Päckchen. Rechne mit dem Taschenrechner und setze fort.

| a) | b) | c) |
|---|---|---|
| 11 · 11 = ____ | 22 · 11 = ____ | 33 · 11 = ____ |
| 111 · 11 = ____ | 222 · 11 = ____ | ____ · ____ = ____ |
| 1 111 · ____ = ____ | ____ · ____ = ____ | ____ · ____ = ____ |
| ____ · ____ = ____ | ____ · ____ = ____ | ____ · ____ = ____ |
| ____ · ____ = ____ | ____ · ____ = ____ | ____ · ____ = ____ |

d) Was fällt dir auf?

______________________________

______________________________

______________________________

______________________________

② Welche Aufgaben löst du mit dem Taschenrechner?
Kreuze sie an und rechne. Löse die restlichen Aufgaben im Kopf.

- ☐ Rechne: 347 + 2 859 = ____________
- ☐ Überschlage: 2 851 + 3 114 + 190
  Ü: ____________
- ☐ Rechne: 5 · 9 = ____________
- ☐ Überschlage: 56 168 : 8
  Ü: ____________
- ☐ Rechne: 198 + 472 = ____________
- ☐ Rechne: 763 · 38 = ____________

③ Das Herz einer Maus schlägt bis zu 650-mal pro Minute,
das eines Grauwals bis zu 8-mal in einer Minute.

a) Ergänze die Tabelle.

| | 1 Minute | 1 Stunde | 1 Tag | 1 Woche |
|---|---|---|---|---|
| Maus | | | | |
| Grauwal | | | | |

b) Wie viele Herzschläge hat die Maus pro Tag mehr? ____________

④ Nur einige Tasten des Taschenrechners dürfen benutzt werden.

a) Benutze nur die Tasten [4] [+] [−] [×] [÷] [=]
Wie erreichst du die Zahl 24?
Notiere die Tastenfolge. [4] [ ] ____________

b) Multipliziere 347 mit 18, ohne die Taste [8] zu benutzen.
Notiere die Tastenfolge. ____________

c) Dividiere 6 516 durch 12, ohne die Taste [2] zu benutzen.
Notiere die Tastenfolge. ____________

① Zeichne die Rechtecke und vervollständige die Tabelle.

| | a) | b) | c) | d) | e) |
|---|---|---|---|---|---|
| Länge (cm) | 4 | 3 | 3 | | |
| Breite (cm) | 2 | 2 | 5 | | |
| Flächeninhalt in Quadratzentimetern | | | | 9 | 12 |

② Wie groß ist der Umfang (u) der Flächen?

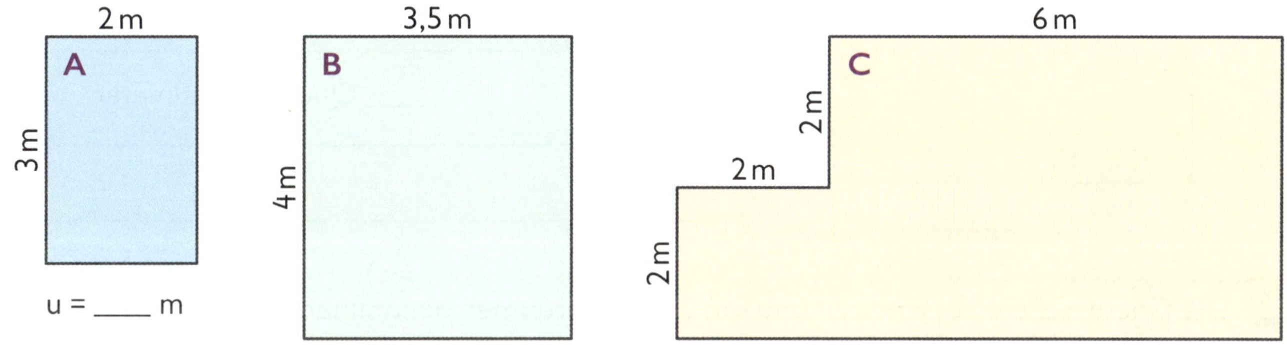


u = ____ m

u = ____ m

u = ____ m

③ **a)** Zeichne jedes Rechteck.

**b)** Vervollständige die Tabelle.

| Rechteck | Länge in cm | Breite in cm | Umfang in cm | Flächeninhalt in cm² |
|---|---|---|---|---|
| 1 | 6 | 2 | | |
| 2 | | 2 | | 8 |
| 3 | 4 | | 14 | |

# Parkette / Quadratmeter

(1) a) Setze das Parkettmuster in alle Richtungen fort.

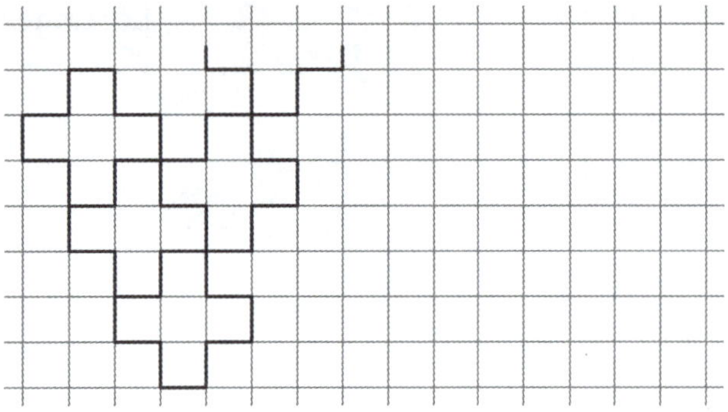

(b) Erfinde ein eigenes Parkettmuster aus zwei verschiedenen Formen.

(2) Parkettiere die Flächen mit Hilfe des Geodreiecks. Bestimme jeweils den Flächeninhalt.

a)

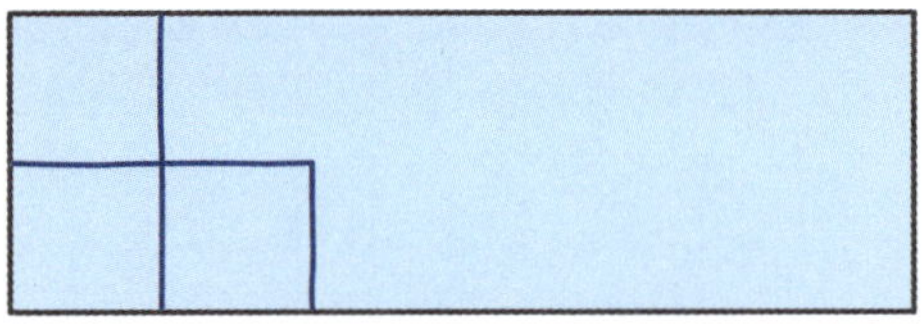

____ Quadratzentimeter

b)

____ Quadratzentimeter

(c)

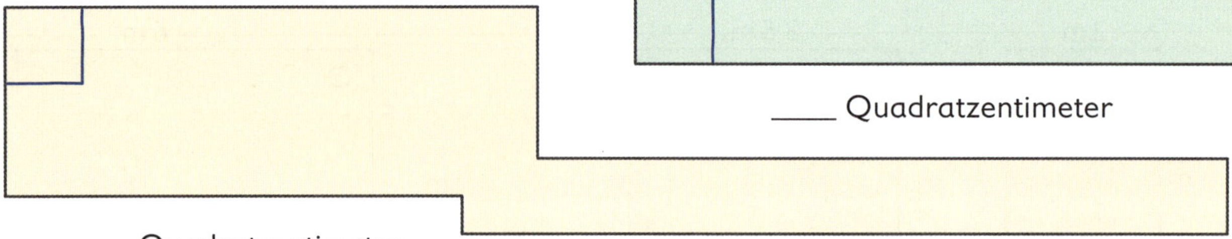

____ Quadratzentimeter

(3) Die Goetheschule hat einen Anbau mit 3 Klassenräumen bekommen.

a) Zeichne eine Skizze von jedem Raum. Zeichne für 1 m eine Kästchenlänge.

b) Vervollständige die Tabelle.

| Raum | Länge (m) | Breite (m) | Umfang (m) | Flächeninhalt (Quadratmeter) |
|---|---|---|---|---|
| 1 | 10 | 7 | | |
| 2 | | | | 72 |
| 3 | | | 28 | |

SB ▸ 84/85 E ▸ 43 A ▸ 43

① Würfle immer mit zwei Würfeln. Bilde das Produkt der Würfelzahlen.
Führe für jede der Regeln 20 Versuche durch. Notiere deine Ergebnisse als Strichlisten.

a) Regel 1 — Das Produkt ist eine Quadratzahl.

| | |
|---|---|
| ja | |
| nein | |

b) Regel 2 — Das Produkt ist kleiner als 20.

| | |
|---|---|
| ja | |
| nein | |

c) Regel 3 — Das Produkt ist teilbar durch 2 oder 5.

| | |
|---|---|
| ja | |
| nein | |

d) Was fällt dir auf? ______________________________

______________________________

______________________________

② 

Die Kinder sollen ohne hinzusehen ein Gummibärchen aus einer der Schalen ziehen.
Sie dürfen sich vorher aussuchen, aus welcher Schale sie ziehen möchten.

a) Bei welcher Schale haben die Kinder die größten Chancen, ihr Wunsch-Gummibärchen zu ziehen?

Schale ____ Schale ____ Schale ____ oder ____

b) Mio darf mehrmals aus einer Schale ziehen. Die gezogenen Gummibärchen werden nicht wieder in die Schale zurückgelegt.

Richtig (r) oder falsch (f)? Trage ein.

**A** Wenn Mio 3-mal aus Schale A zieht, ist sicher ein rotes Bärchen dabei. ____

**B** Wenn Mio 3-mal aus Schale D zieht, ist sicher ein grünes Bärchen dabei. ____

**C** Wenn Mio 5-mal aus Schale B zieht, ist sicher ein gelbes Bärchen dabei. ____

**D** Aus Schale D muss Mio am wenigsten ziehen, um sicher ein grünes Bärchen zu bekommen. ____

**E** Aus Schale C muss Mio am häufigsten ziehen, um sicher ein gelbes Bärchen zu bekommen. ____

c) Schreibe eine eigene richtige Aussage.

______________________________

______________________________





SB ▸ 86/87 E ▸ 44 A ▸ 44

# Kombinatorik

① Die Regenbogenschule hat beschlossen, ein Schul-T-Shirt anfertigen zu lassen.
Nun entscheidet die Schulkonferenz, wie das T-Shirt aussehen soll.
Drei Farben stehen zur Auswahl: rot, blau und grau.
Es gibt zwei Ärmellängen: lang- oder kurzärmelig.
Schließlich muss noch entschieden werden, wo der Schulname aufgedruckt werden soll.
Hier gibt es zwei Möglichkeiten: auf der Vorderseite oder auf der Rückseite des T-Shirts.

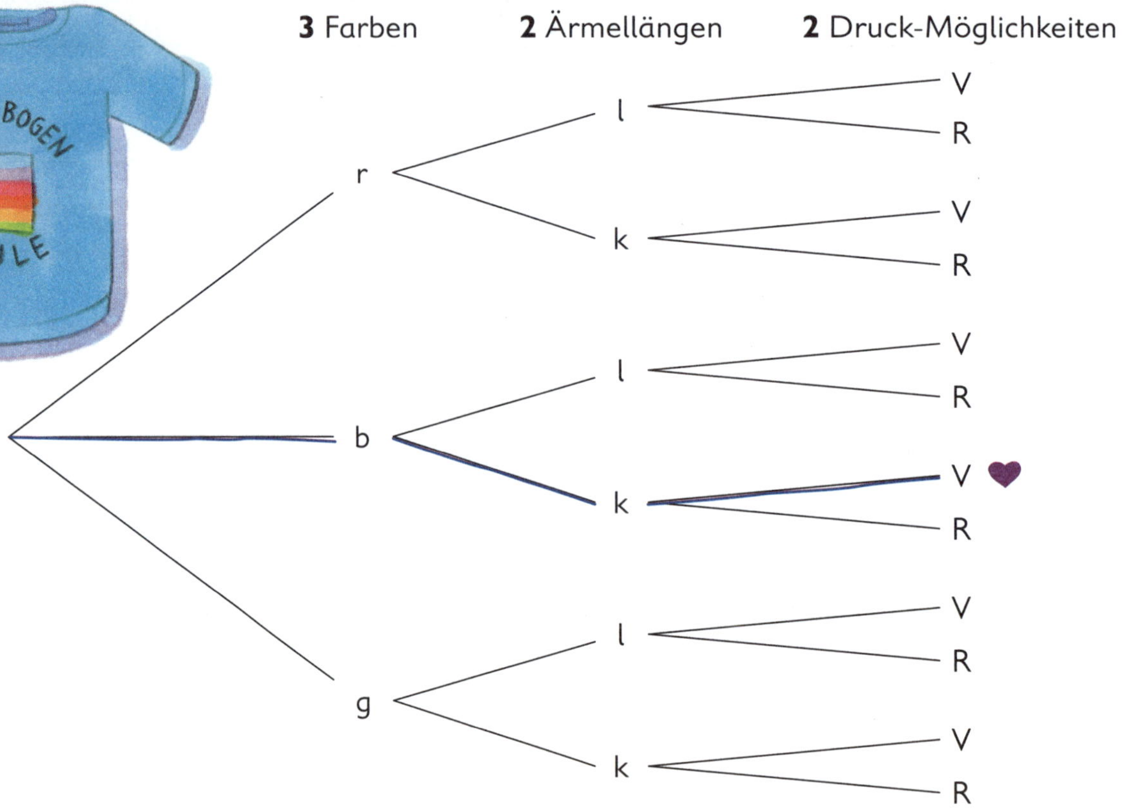


a) Für welches T-Shirt hat sich die Schule entschieden (♥)? Beschreibe es.

______________________________________________

b) Zeichne im Baumdiagramm mit blau alle Möglichkeiten ein,
die es für ein blaues T-Shirt gibt. Wie viele verschiedene Möglichkeiten sind es? ____

c) Zeichne mit rot die Möglichkeiten ein,
die es für ein T-Shirt mit dem Aufdruck auf der Rückseite gibt. Wie viele sind es? ____

d) Wie viele Möglichkeiten gibt es für ein T-Shirt mit kurzen Ärmeln? ____

ⓔ Wie viele verschiedene Möglichkeiten
gibt es insgesamt, das Schul-T-Shirt zusammenzustellen? ____
Kannst du diese Anzahl auch mit einer Multiplikationsaufgabe berechnen? Notiere sie.

______________________________________________

② Das T-Shirt kann außerdem noch mit oder ohne Kapuze bestellt werden.
Wie viele verschiedene Möglichkeiten gibt es dann? ____

① Ergänze den Flugplan vom Flughafen Berlin Schönefeld.

| Reiseziel | Abflug | Flugzeit | Ankunft |
|---|---|---|---|
| Mallorca | 6.00 Uhr | 2 h 40 min | |
| London | 7.25 Uhr | 1 h 55 min | |
| Venedig | 10.15 Uhr | | 11.55 Uhr |
| Barcelona | | 2 h 35 min | 11.20 Uhr |
| Paris | 16.40 Uhr | | 18.30 Uhr |

② Familie Pauls fliegt für 3 Tage nach Paris. Sie sollen 2 Stunden vor Abflug zum Check-in am Flughafen sein. Die Fahrt mit dem Auto zum Flughafen dauert etwa 1 Stunde und 10 Minuten.

a) Um wie viel Uhr muss Familie Pauls spätestens losfahren?

______________________________

b) Als sie ins Auto einsteigen, möchte Jonas wissen:
Wie lange dauert es noch, bis wir endlich in Paris sind?

______________________________

③ Der Flug kostet pro Person 158,98 Euro. Es fliegen 4 Personen.
Familie Pauls bezahlt für jedes Gepäckstück 22 Euro extra. Sie nehmen 2 Koffer mit.
Die Koffer wiegen insgesamt 35 kg. Ein Mietwagen kostet 93,32 Euro pro Tag.
Im Hotel bezahlt Familie Pauls für 2 Übernachtungen 252 Euro pro Doppelzimmer.

Bilde sinnvolle Fragen und berechne die Gesamtreisekosten!

④ An Silvester schauen die Kinder ungeduldig auf die Uhr.
Zeichne die Zeiger ein. Wie lange dauert es noch bis Mitternacht?

a) um 14.20 Uhr

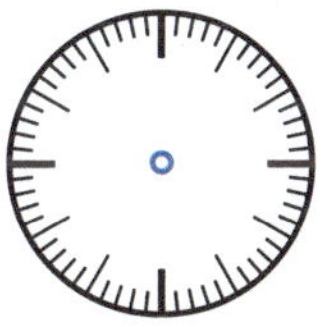

noch ______________

b) um 17.36 Uhr

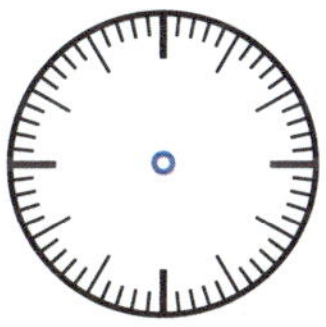

noch ______________

c) um 21.03 Uhr

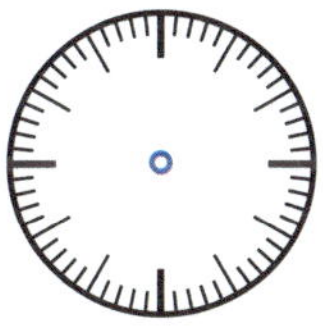

noch ______________

d) um 23.22 Uhr und 15 s

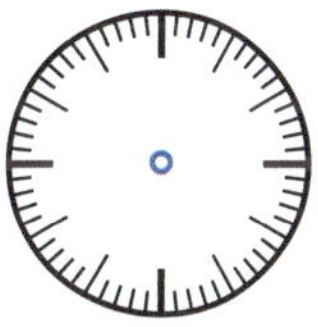

noch ______________

SB ▸ 92/93 E ▸ 47 A ▸ 47

# Skizzen und Tabellen

(1) Rapunzels Haar ist 26 m lang. Jeden Monat wächst es 2 m.
Alle 6 Monate schneidet sie 3 m von ihrem Haar ab.

**A** Wie lang ist ihr Haar nach 3 Jahren und 6 Monaten?

**B** Wie hoch ist Rapunzels Turm nach 3 Jahren und 6 Monaten?

**C** Wie viel wuchsen ihre Haare insgesamt nach 3 Jahren und 6 Monaten?

**a)** Welche Frage kannst du bearbeiten?

______________________________

**b)** Löse die Aufgaben. Wähle aus.

Frage: __

Das weiß ich schon: ______________________________

______________________________

Das will ich wissen: ______________________________

______________________________

______________________________

So finde ich es heraus: ______________________________

Das weiß ich jetzt: ______________________________

______________________________

Frage: __

Das weiß ich schon: ______________________________

______________________________

______________________________

Das will ich wissen: ______________________________

______________________________

______________________________

So finde ich es heraus: ______________________________

______________________________

Das weiß ich jetzt: ______________________________





SB ▸ 94/95 E ▸ 48 A ▸ 48

(1) Rumpelstilzchen hilft einem Mädchen, aus Stroh Gold zu spinnen. In der Nacht zum Dienstag spinnt Rumpelstilzchen halb so viel Gold wie in der folgenden Nacht.
In der Nacht zum Donnerstag spinnt es genauso viel wie in der ersten Nacht.
In der Nacht zum Freitag stellt es 24 kg Gold her, dreimal so viel wie in der Nacht zum Mittwoch.
In der Nacht zum Samstag kommt Rumpelstilzchen zum letzten Mal und schafft halb so viel wie in der Nacht zuvor.

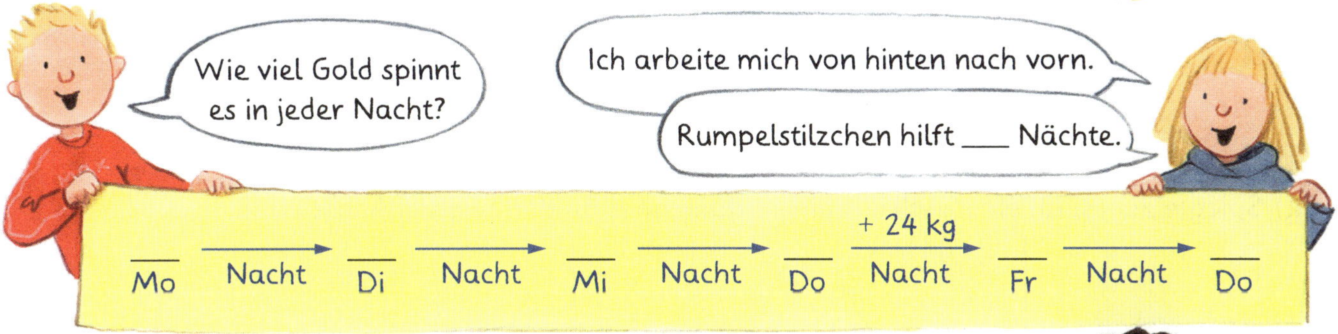

(2) In einer Klasse lernen 26 Kinder. 18 Kinder besitzen Hörbücher, 23 Kinder DVD's mit Märchen, zwei Kinder besitzen keine DVD's und keine Hörbücher mit Märchen.

| | Hörbücher | keine Hörbücher | insgesamt |
|---|---|---|---|
| DVD's | | | |
| keine DVD's | | | |
| insgesamt | | | 26 |

SB ► 94/95 E ► 48 A ► 48

# Achsensymmetrie

① Welche Teile gehören zusammen? Verbinde.

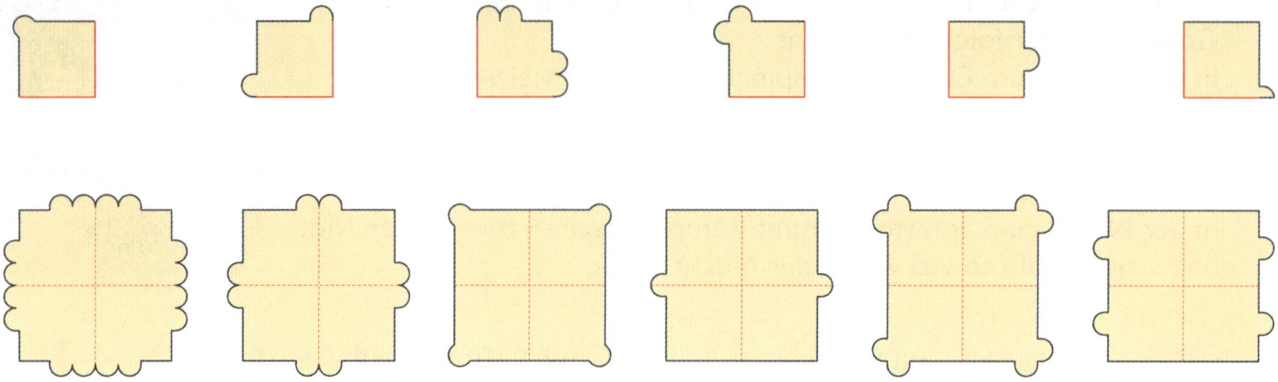

② Spiegle zuerst an einer Achse. Spiegle dann alles an der zweiten Achse.

a)

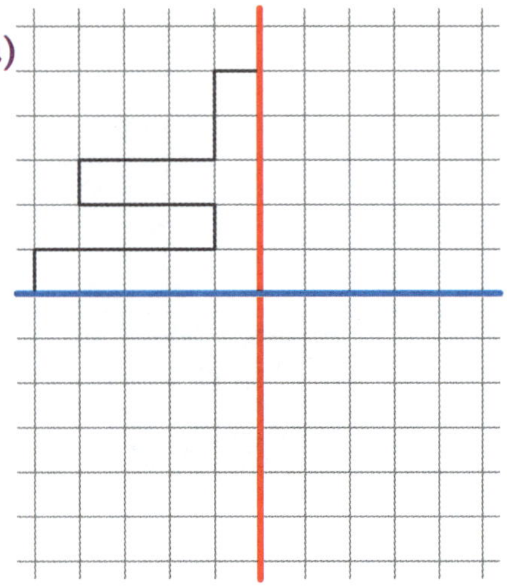

b)

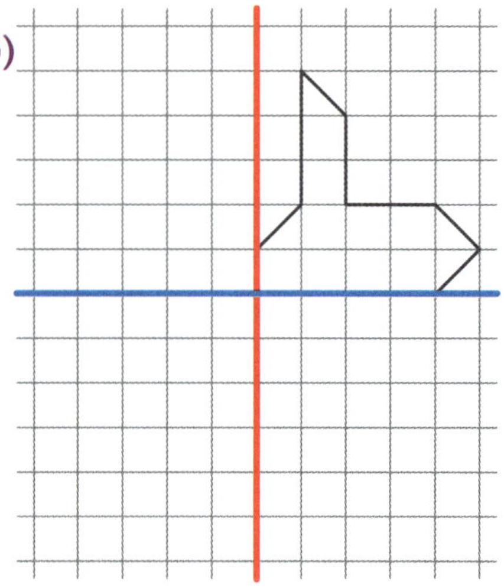

c)

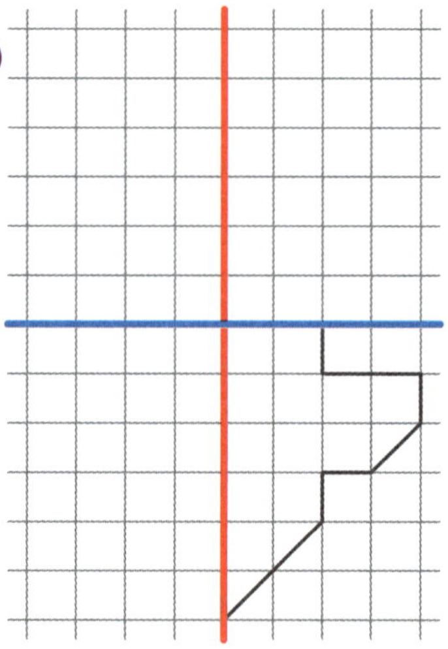



③ Ergänze die Muster achsensymmetrisch.

a)

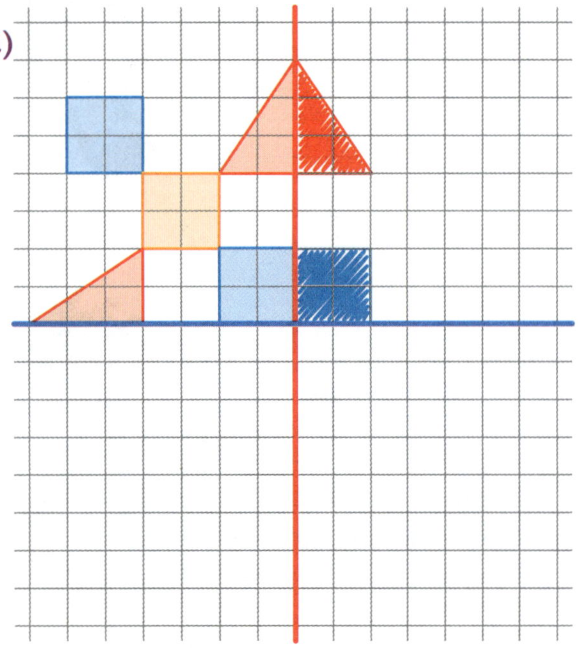

b)

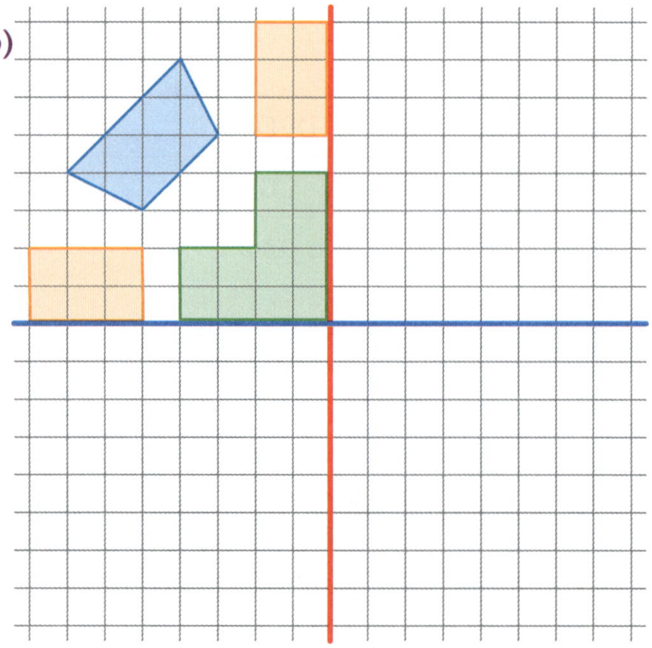

(1) Ergänze die Muster achsensymmetrisch.

a)

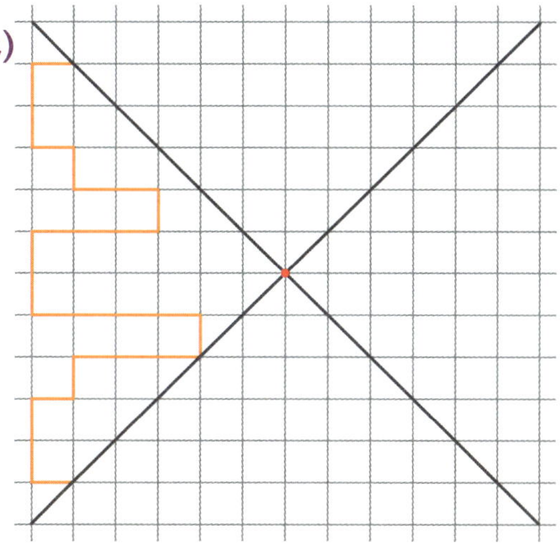

b)

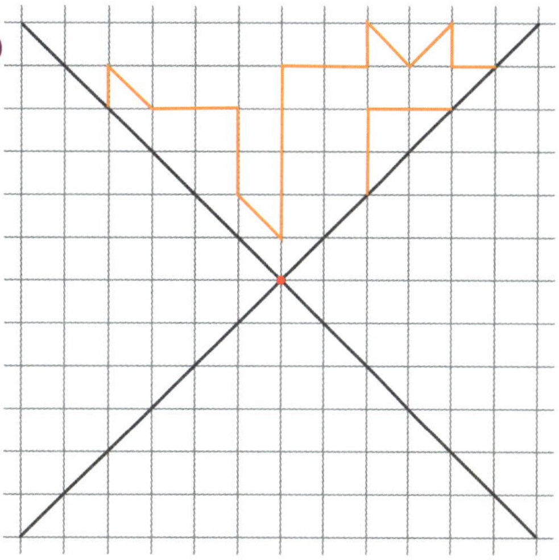

(2) Ergänze die Muster achsensymmetrisch.

a)

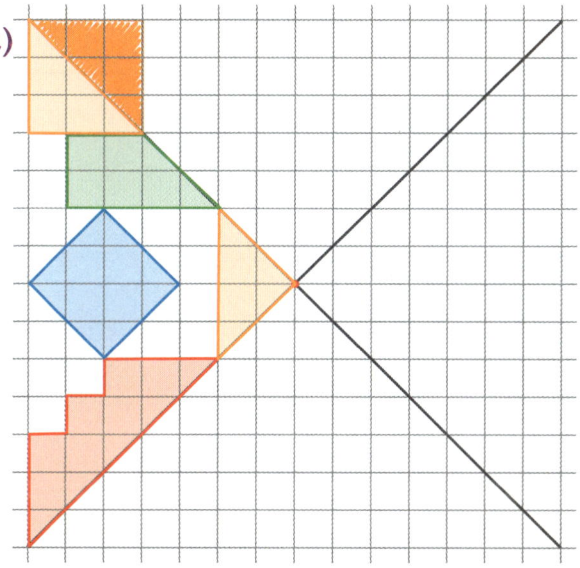

b)

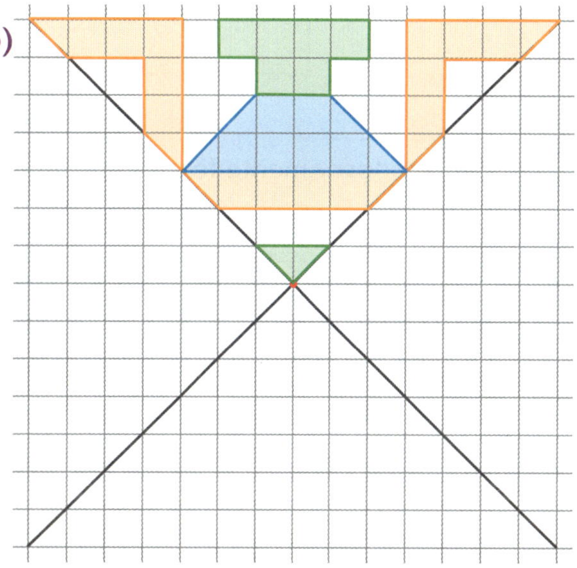

(3) Welche Buchstaben sind achsensymmetrisch oder/und drehsymmetrisch?
Kreise achsensymmetrische Buchstaben rot und drehsymmetrische Buchstaben blau ein.

A B C D E F G H I J K L M

N O P Q R S T U V W X Y Z

(4) Notiere einige drehsymmetrische Gegenstände aus deiner Umgebung.

# Kreis und Zirkel

① Zeichne diese Figuren in doppelter Größe. Male sie aus.

a)

b)

c)

d) Denke dir eine eigene Figur aus.

② Setze die Bandornamente fort. Male sie aus. Zeichne ein eigenes Ornament.

a)

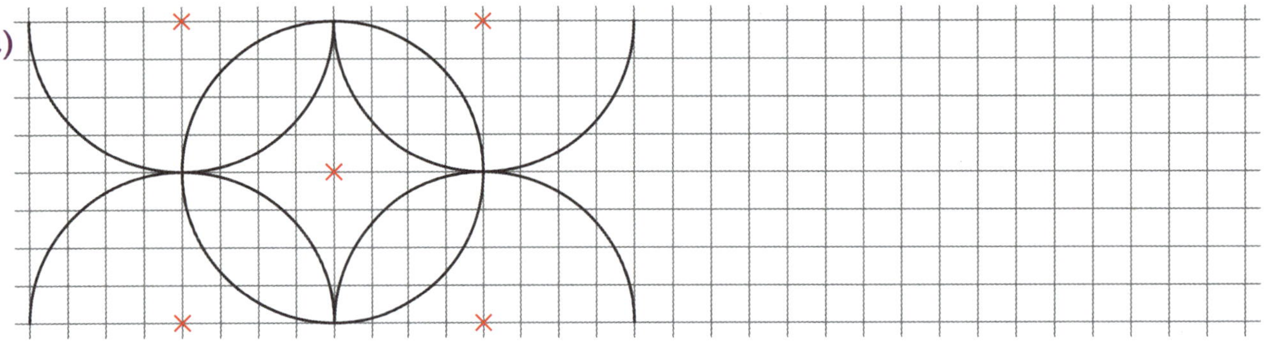

b)

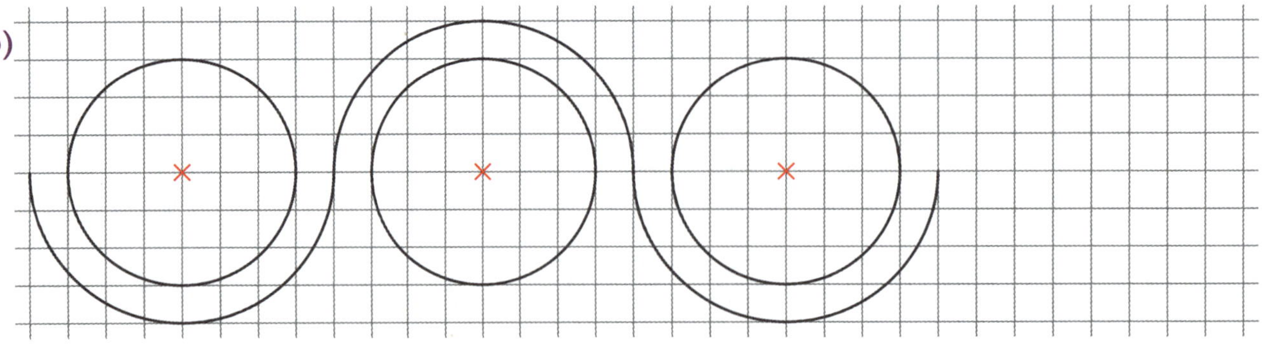

c)





SB ▸ 98/99 E ▸ 50 A ▸ 50

① Vielfache

| | | | | | | | | | | | | | | | | | | | |
|---|---|---|---|---|---|---|---|---|---|---|---|---|---|---|---|---|---|---|---|
| 57 | 67 | 12 | 68 | 77 | 6 | 60 | 9 | 51 | 61 | 52 | 62 | 37 | 63 | 18 | 64 | 19 | 65 | 56 | 66 |
| 75 | 45 | 76 | 46 | 59 | 47 | 78 | 48 | 79 | 49 | 80 | 50 | 8 | 41 | 72 | 42 | 73 | 43 | 74 | 44 |
| 31 | 5 | 32 | 69 | 33 | 7 | 34 | 71 | 35 | 70 | 36 | 10 | 53 | 1 | 38 | 2 | 39 | 3 | 40 | 4 |
| 11 | 27 | 58 | 28 | 13 | 29 | 14 | 30 | 15 | 21 | 16 | 22 | 17 | 23 | 54 | 24 | 55 | 25 | 20 | 26 |

a) Kreise alle Vielfachen von 5 rot ein. Notiere sie der Größe nach.

$V_5$ = 5, ______

b) Kreise alle Vielfachen von 6 blau, alle Vielfachen von 8 grün ein. Notiere sie.

$V_6$ = 6, ______

$V_8$ = 8, ______

Gemeinsame Vielfache müssen mehrmals eingekreist sein.

c) Notiere die gemeinsamen Vielfachen von …

… 6 und 8: $V_{6,8}$ = ______

… 5 und 6: $V_{5,6}$ = ______

… 5 und 8: $V_{5,8}$ = ______

… 5, 6 und 8: $V_{5,6,8}$ = ______



② Notiere alle Teiler.

a) $T_{12}$ = 1, ______

b) $T_{16}$ = ______

c) $T_{24}$ = ______

d) $T_{50}$ = ______

Die Zahl 1 und die Zahl selbst sind immer Teiler.

③ Welche Zahl passt nicht? Streiche sie durch und begründe kurz.

a) 81, 18, 27, 54, 37, 45, 99

___ ist nicht Vielfaches von ___.

b) 3, 30, 2, 5, 1, 4, 6, 15, 10

___ ist nicht Teiler von ___.

c) 28, 63, 56, 42, 84, 50, 35

___ ist nicht ______ von ___.

④ a) Sortiere die Zahlen in die passende Kiste. Nutze die Teilbarkeitsregeln.
Welche Zahlen musst du in mehrere Kisten schreiben?

19, 112, 1926, 36402, 30, 831, 1925, 115, 15, 4312

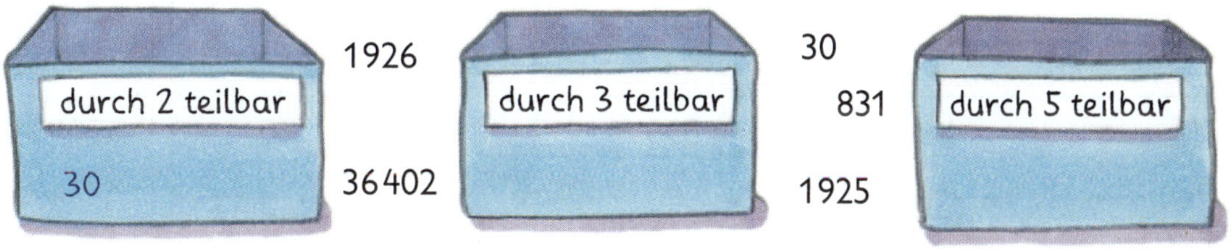


b) Welche Zahl bleibt übrig? Warum? ______

# Gleichungen und Ungleichungen

① Bestimme den Wert von x.

| a) | b) | c) | d) |
|---|---|---|---|
| $590 + x = 740$ | $1520 - x = 980$ | $x \cdot 40 = 320$ | $6400 : x = 800$ |
| x = ______ | x = ______ | x = ______ | x = ______ |
| $830 + x = 1250$ | $555 - x = 321$ | $x \cdot 700 = 1400$ | $1000 : x = 10$ |
| x = ______ | x = ______ | x = ______ | x = ______ |
| $x + 641 = 911$ | $2690 - x = 2240$ | $50 \cdot x = 300$ | $8100 : x = 9$ |
| x = ______ | x = ______ | x = ______ | x = ______ |

② Zahlenrätsel als Rechenketten

**A** Ich multipliziere meine Zahl mit 4 und halbiere sie anschließend. Ich erhalte 32.

x ⇄ (·4) ______ ⇄ (:2 / ·2) 32

x = ______

**B** Zu meiner Zahl addiere ich 150. Die Summe multipliziere ich mit 4 und erhalte 1000.

x ⇄ (+) ______ ⇄ ______

x = ______

**C** Von dem Viertel meiner Zahl subtrahiere ich 222. Das Ergebnis ist 778.

x ⇄ ______ ⇄ ______

x = ______



③ Wie viele Lösungen?

a) Ordne die Ungleichungen vor dem Bestimmen der Lösungen zu und male sie in der passenden Farbe an.

b) Bestimme die möglichen Lösungen für x.

ⓒ Finde selbst je ein Beispiel.

| keine Lösung | mehrere Lösungen |
|---|---|
| genau eine Lösung | viele Lösungen |

| | | | |
|---|---|---|---|
| | | $8 \cdot x < 72$<br>x = ______ | $x + 124 > 200$<br>x = ______ |
| $x + 420 < 350$<br>x = ______ | $x \cdot 250 < 500$<br>x = ______ | $1002 - x > 999$<br>x = ______ | $5677 \cdot x > 28$<br>x = ______ |
| $14 : x > 42$<br>x = ______ | $601 - x > 598$<br>x = ______ | $1500 - x < 980$<br>x = ______ | $3399 + x < 3400$<br>x = ______ |
| ______ < ____<br>x = ______ | ______ > ____<br>x = ______ | ______<br>x = ______ | ______<br>x = ______ |



SB ▸ 102/103 E ▸ 52 A ▸ 52

**1** Die Summe aller Zahlen in der 1. Hundertertafel hast du schon berechnet. Summe 1. Tafel: 5 050. Wie groß ist die Summe aller Zahlen in der 2. Hundertertafel? Beachte Super Ms Tipp.

Ich bilde Paare:
101 + 200 = 301
102 + 199 = ____
Es gibt ___ solcher Paare.

| | | | | | | | | | |
|---|---|---|---|---|---|---|---|---|---|
| 101 | 102 | 103 | 104 | 105 | 106 | 107 | 108 | 109 | 110 |
| 111 | 112 | 113 | 114 | 115 | 116 | 117 | 118 | 119 | 120 |
| 121 | 122 | 123 | 124 | 125 | 126 | 127 | 128 | 129 | 130 |
| 131 | 132 | 133 | 134 | 135 | 136 | 137 | 138 | 139 | 140 |
| 141 | 142 | 143 | 144 | 145 | 146 | 147 | 148 | 149 | 150 |
| 151 | 152 | 153 | 154 | 155 | 156 | 157 | 158 | 159 | 160 |
| 161 | 162 | 163 | 164 | 165 | 166 | 167 | 168 | 169 | 170 |
| 171 | 172 | 173 | 174 | 175 | 176 | 177 | 178 | 179 | 180 |
| 181 | 182 | 183 | 184 | 185 | 186 | 187 | 188 | 189 | 190 |
| 191 | 192 | 193 | 194 | 195 | 196 | 197 | 198 | 199 | 200 |

Summe 2. Tafel: ____________

**2** Wie groß ist die Summe aller Zahlen in der 3. Hundertertafel? Rechne geschickt.

| | | | | | | | | | |
|---|---|---|---|---|---|---|---|---|---|
| 201 | 202 | 203 | 204 | 205 | 206 | 207 | 208 | 209 | 210 |
| 211 | 212 | 213 | 214 | 215 | 216 | 217 | 218 | 219 | 220 |
| 221 | 222 | 223 | 224 | 225 | 226 | 227 | 228 | 229 | 230 |
| 231 | 232 | 233 | 234 | 235 | 236 | 237 | 238 | 239 | 240 |
| 241 | 242 | 243 | 244 | 245 | 246 | 247 | 248 | 249 | 250 |
| 251 | 252 | 253 | 254 | 255 | 256 | 257 | 258 | 259 | 260 |
| 261 | 262 | 263 | 264 | 265 | 266 | 267 | 268 | 269 | 270 |
| 271 | 272 | 273 | 274 | 275 | 276 | 277 | 278 | 279 | 280 |
| 281 | 282 | 283 | 284 | 285 | 286 | 287 | 288 | 289 | 290 |
| 291 | 292 | 293 | 294 | 295 | 296 | 297 | 298 | 299 | 300 |

Summe 3. Tafel: ____________

**3** Vergleiche die Summen aus der 1., 2. und 3. Hundertertafel. Was stellst du fest?

________________________________________

Wie groß ist die Summe aller Zahlen in der 4. Hundertertafel? ____________

**4** Kannst du nun die Summe aller Zahlen in der Tausendertafel (also die Summe aller 10 Hundertertafeln) berechnen? Summe Tausendertafel: ______________

# Was wir wissen und können

① Im Ausflugspark Schönbusch können Kinder auf Ponys reiten. Es werden drei verschiedene Touren angeboten. Um 10 Uhr starten alle drei Ponys ihre erste Tour.
Wann treffen sie wieder alle gemeinsam beim Ponystall ein?

______________________________________________

______________________________________________

Stelle deinen Lösungsweg dar.

② Familie Hurtig unternimmt im Urlaub eine 5-tägige Fahrradtour. Jeden Tag steigert sie ihre Fahrstrecke um 8 Kilometer. Am 5. Tag regnet es so stark, dass sie nach 10 Kilometern die Tour abbrechen muss. Am Ende hat sie 110 km zurückgelegt.
Berechne die tägliche Fahrstrecke für den 1. bis 5. Tag.

1. Tag |———| = __ km

2. Tag |———|——| + __ km = __ km

3. Tag |———|——|——| + __ km + __ km = __ km

4. Tag |———|——|——|——| + __ km + __ km + __ km = __ km

5. Tag |———| = __ km

zusammen ____ km

③ Ein Schiff wird von zwei Kränen mit Containern beladen. Der große Kran allein würde 12 Stunden brauchen, um das Schiff zu beladen. Der zweite, nicht so leistungsfähige Kran würde allein 24 Stunden benötigen.
Wie viele Stunden dauert die Beladung, wenn beide Kräne gleichzeitig arbeiten?

______________________________________________

① Ergänze den Text mit den passenden Zahlen.

Die Meyer Werft in Papenburg baute in den Jahren __2007__ und ________ das Kreuzfahrtschiff *Celebrity Solstice*.
Es ist ________ lang und ________ breit.
Es ist damit das größte und mit ________________ auch das teuerste Kreuzfahrtschiff, das je in Deutschland gebaut wurde. Das Schiff hat ________ Decks und es können ________ Passagiere auf ihm mitfahren. Mit einer Geschwindigkeit von ________________________ fährt es in der Karibik und im Mittelmeer.

17 | 2852 | 317 m | 37 m | 45 Kilometer pro Stunde | ~~2007~~ | 2008 | 616 000 000 €

② **Kreuzfahrtrouten griechische Inselwelt – 10 Nächte ab/bis Civitavecchia**

| Tag | Stationen der Reise | Ankunft | Abfahrt |
|---|---|---|---|
| 1 | Erholung auf See | | 18:00 |
| 2 | Messina, Sizilien | 10:00 | 18:00 |
| 3 | Erholung auf See | | |
| 4 | Athen, Griechenland | 07:00 | 19:00 |
| 5 | Mykonos, Griechenland | 07:00 | 17:00 |
| 6 | Kusadasi, Türkei | 07:00 | 19:00 |
| 7 | Rhodos, Griechenland | 09:00 | 18:00 |
| 8 | Santorin, Griechenland | 07:00 | 18:00 |
| 9 | Erholung auf See | | |
| 10 | Neapel, Italien | 07:00 | 18:00 |
| 11 | Civitavecchia, Italien | 04:00 | |

a) Zeichne die Reiseroute in der Karte ein.

b) Was willst du wissen? Schreibe mindestens zwei Fragen auf und löse deine Aufgaben. Was weißt du jetzt?





SB ▸ 110/111 E ▸ 56 A ▸ 56

# Projekt: Die Geschichte der Mathematik

① Ergänze.

a)

| | | | | | | | | | | | | | | | | | | |
|---|---|---|---|---|---|---|---|---|---|---|---|---|---|---|---|---|---|---|
| I | II | | IV | | | | VIII | IX | | | | | XIV | | | | | XIX |
| 1 | | 3 | | 5 | 6 | | | | 10 | 11 | | | | 15 | | | | |

b)

| | | | | | | | | | |
|---|---|---|---|---|---|---|---|---|---|
| | XX | | XL | | | | | XC | |
| 10 | | 30 | | 50 | | 70 | 80 | | 100 |

c)

| | | | | | | | | | |
|---|---|---|---|---|---|---|---|---|---|
| C | | | CD | | | | | CM | |
| | 200 | | | 500 | | 700 | | | 1000 |

② Schreibe mit unseren arabischen Ziffern.

a) LX = 60
MMII = ______
LXIX = ______
MCM = ______

b) MMD = ______
DLV = ______
CLIV = ______
DXIV = ______

③ Schreibe mit römischen Zahlzeichen.

a) 108 = ________
119 = ________
254 = ________
435 = ________

b) 2060 = ________
1053 = ________
1450 = ________
2509 = ________



④ Übersetze die Zahlen.

Durch die Zusammenlegung mehrerer Dörfer wurde die Stadt Rom im Jahr DCCLIII v. Chr. (753 v. Chr.) gegründet. Rom entstand auf VII (______) Hügeln, die kaum mehr als L (______) Meter hoch waren.
Die Römer führten viele Kriege. Bald gehörte ganz Italien zum Römischen Reich und um CXXXIII v. Chr. (______ v. Chr.) gehörten alle Länder rund um das Mittelmeer dazu. Nachdem der lange Zeit angesehene Diktator Julius Cäsar XLIV v. Chr. (______ v. Chr.) ermordet wurde, wurde Augustus im Jahr XXVII v. Chr. (______ v. Chr.) zum ersten Kaiser Roms.
CCCXCV n. Chr. (______ n. Chr.) kam es zur Teilung des Römischen Reiches. Der letzte weströmische Kaiser wurde CDLXXVI n. Chr. (______ n. Chr.) abgesetzt. Danach gab es kein Weströmisches Reich mehr.

⑤ Bestimme die Zahlen oder zeichne passende Knotenschnüre.

a) 4352 b) ______ c) ______ d) 5245 e) 3120



SB ▸ 112/113 E ▸ 57 A ▸ 57

(1) Mit Hilfe des Karorasters kannst du Figuren selbst vergrößern. Vergrößere die Schrift im Maßstab 3 : 1. Beachte auch die Abstände.

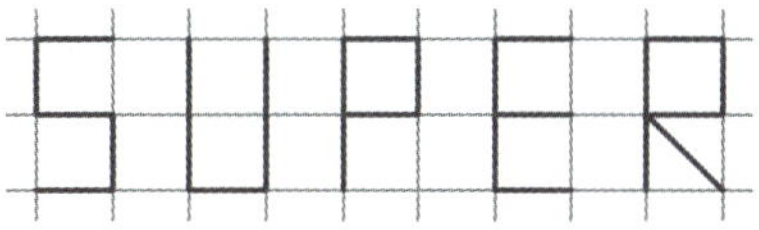

(2) Wie groß sind die Tiere in Wirklichkeit?

1 : 500

1 : 400

1 : 300

1 : 50

| | Blauwal | Riesenhai | Giraffe | Großer Panda |
|---|---|---|---|---|
| Bild | 4 cm | | | |
| Wirklichkeit | 4 cm · 500 = 2 000 cm = 20 m | | | |

(3) Verkleinere die Figuren im Maßstab 1 : 2.

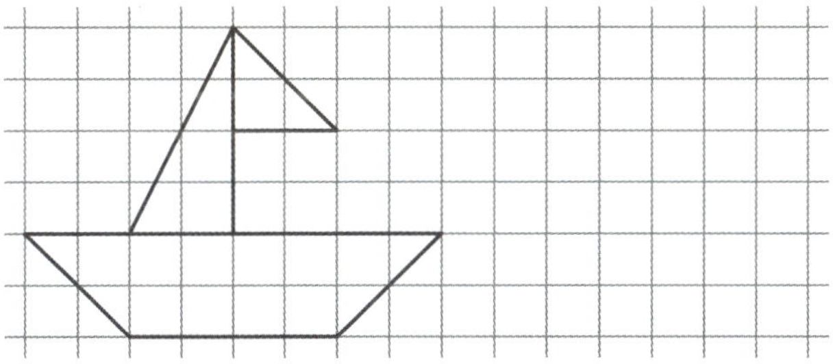

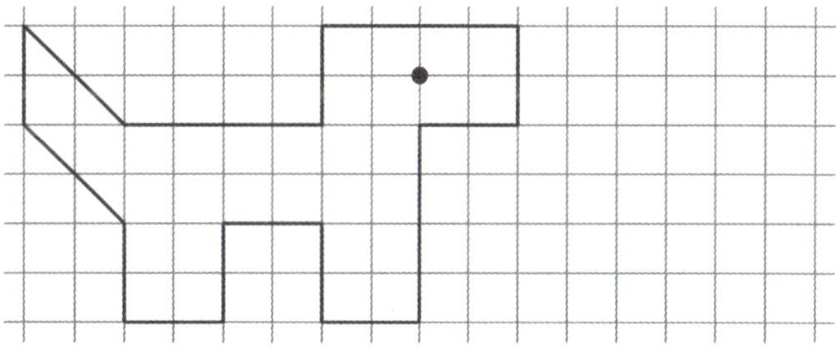

(4) Ergänze die fehlenden Angaben.

| | | | | | | |
|---|---|---|---|---|---|---|
| Bild | 5 cm | 60 cm | | | 30 cm | 4 cm |
| Wirklichkeit | 50 cm | 6 cm | 1,50 m | 5 m | | |
| Maßstab | 1 : 10 | | 1 : 10 | 1 : 100 | 10 : 1 | 1 : 20 |





SB ► 114/115 E ► 58 A ► 58

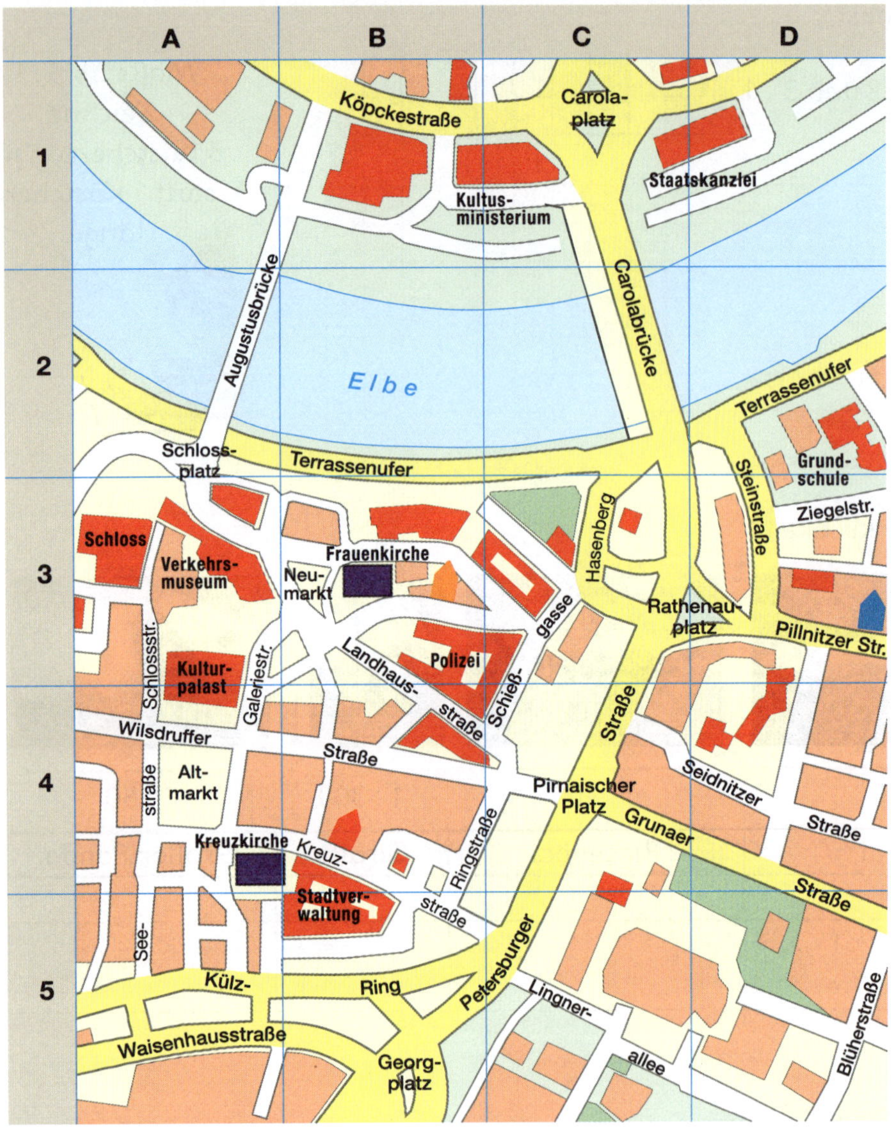


Maßstab 1 : 10 000

① a) Wer wohnt wo?
Schreibe die richtigen Namen zu den Häusern.
Leon wohnt in der Pillnitzer Straße.
Finn wohnt direkt gegenüber der Polizei.
Die Wohnung von Lars und seinen Eltern liegt in der Kreuzstraße.

- ______
- ______
- ______

b) Sophie wohnt am Pirnaischen Platz. Er liegt im Planquadrat ____. Zeichne ihr Haus mit Grün ein.

c) In welchem Planquadrat liegt …

… die Schule? _____

… das Schloss? ____

… das Haus von Leon? ____

… das Haus von Lars? ____

② a) Zeichne den kürzesten Schulweg für Leon in Rot ein.
Zeichne Sophies kürzesten Schulweg in Blau ein.

b) Miss die Länge der Schulwege aller Kinder. Berechne ihre wirkliche Länge.

| | Leon | Sophie | Lars | Finn |
|---|---|---|---|---|
| Länge in der Karte | | | | |
| Länge in Wirklichkeit | | | | |

c) Leons Klasse macht einen Ausflug zur Kreuzkirche und danach zum Schloss. Zeichne von der Schule aus einen möglichst kurzen Weg ein. Berechne die wirkliche Länge des Weges.

______________________________

① Würfelbauten in Schrägansicht. Zeichne in die Umrisse die einzelnen Würfel in Schrägansicht.

a)

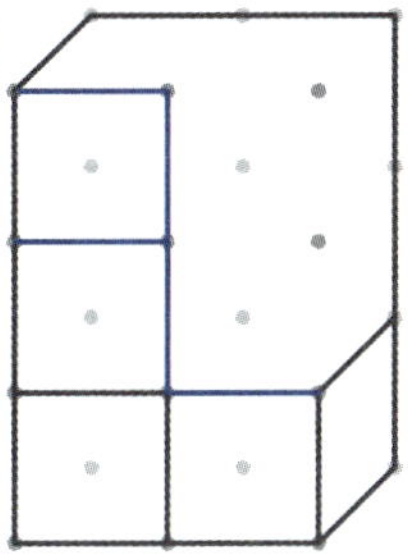

b)

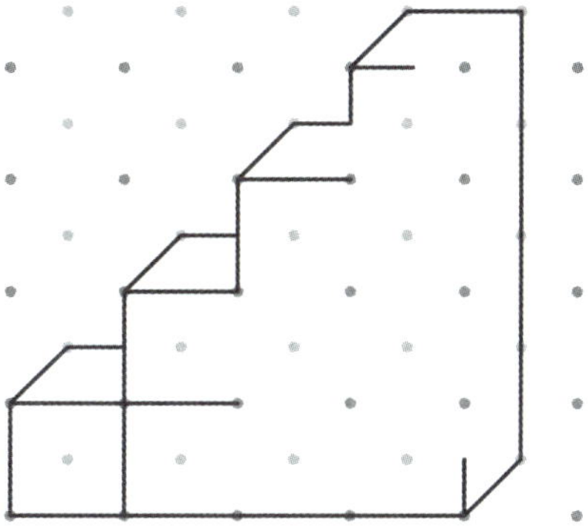

c)

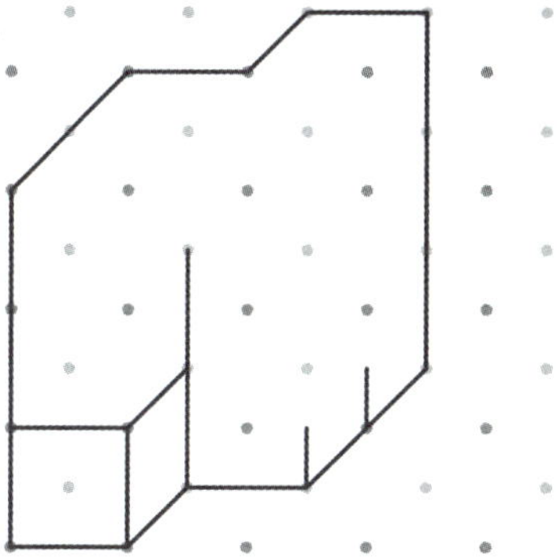

② Hier siehst du zwei Gebäude aus Somateilen als Schrägansicht und von oben.
Baue die Soma-Gebäude nach und färbe die Schrägbilder in der richtigen Farbe.

a)

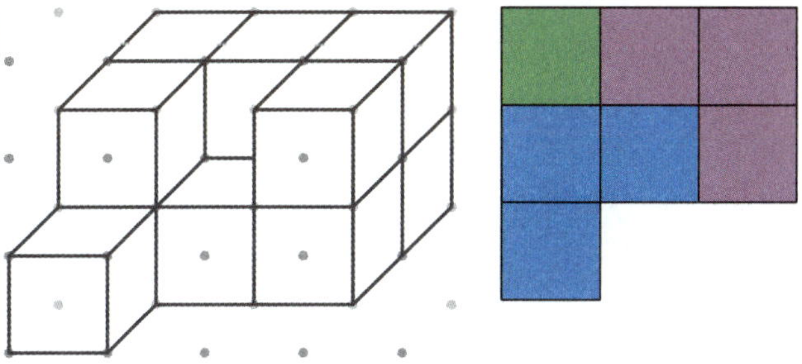

b)

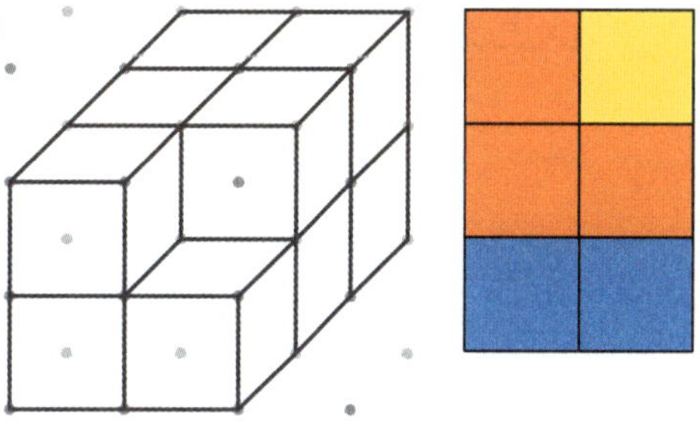

③ Zeichne verschiedene Ansichten des Drillings. Zeichne ihn von allen vier Seiten.

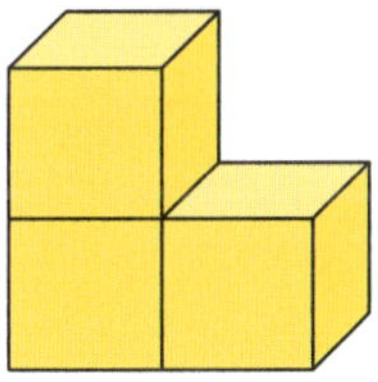

④ Baue die Figuren aus Somateilen nach und färbe die Schrägbilder richtig ein.

a)

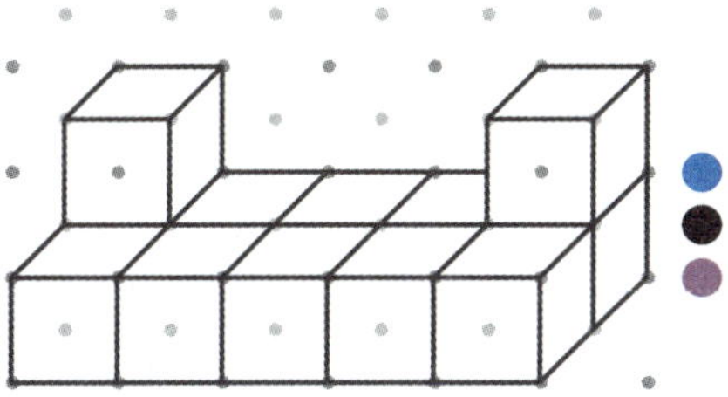

b)

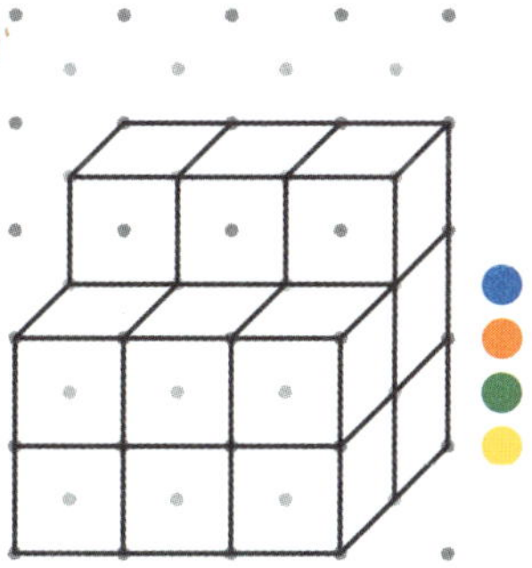

c)

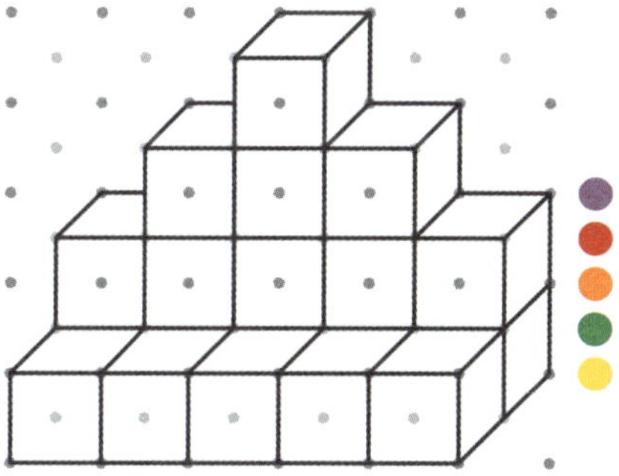





SB►118/119 E►60 A►60

① Würfelgebäude zum Quader ergänzen. Zeichne die Baupläne der Würfelgebäude.

a)

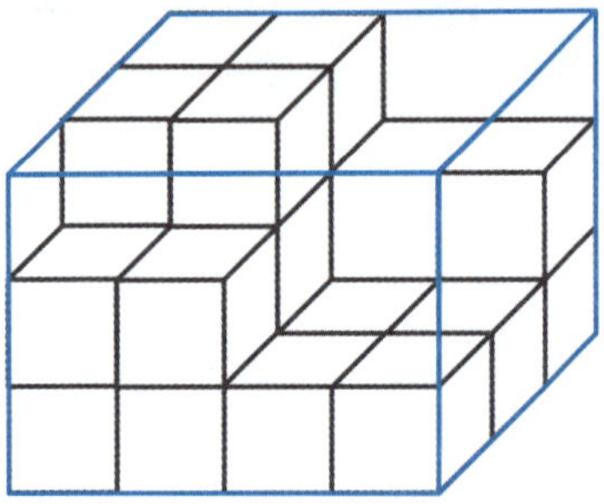

Es sind ____ Würfel.
Es fehlen ____ Würfel.
Zusammen sind es
____ Würfel.

b)

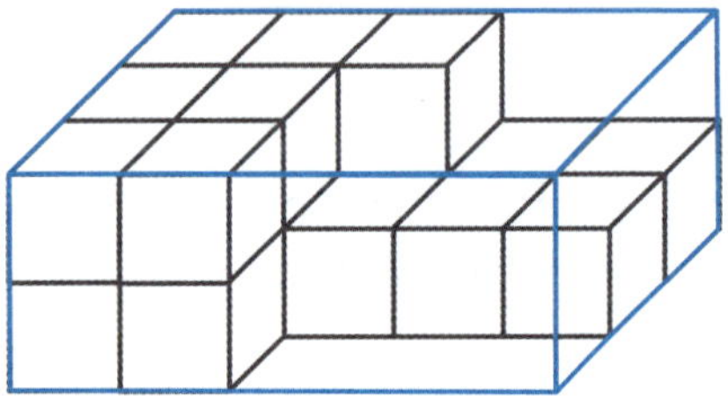

Es sind ____ Würfel.
Es fehlen ____ Würfel.
Zusammen sind es
____ Würfel.

c)

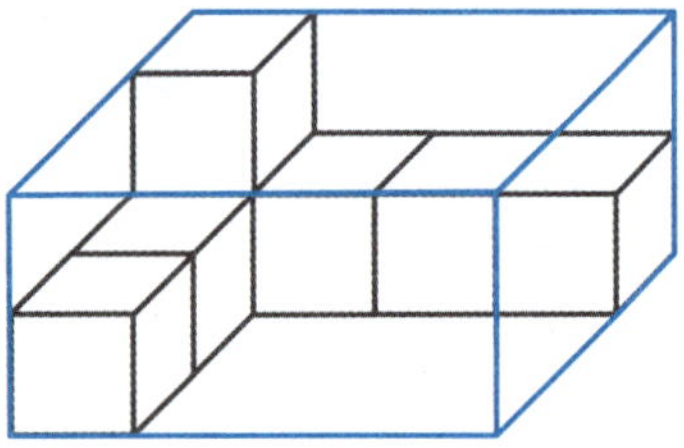

Es sind ____ Würfel.
Es fehlen ____ Würfel.
Zusammen sind es
____ Würfel.

② Ein Quader enthält 48 Würfel. Zeichne passende Baupläne.

③ Wie viele Zentimeterwürfel passen in die Quader?

A

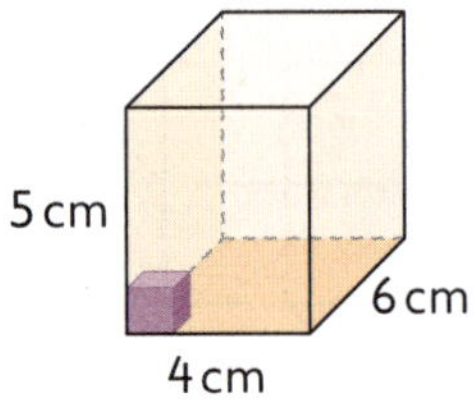


______ Würfel

B

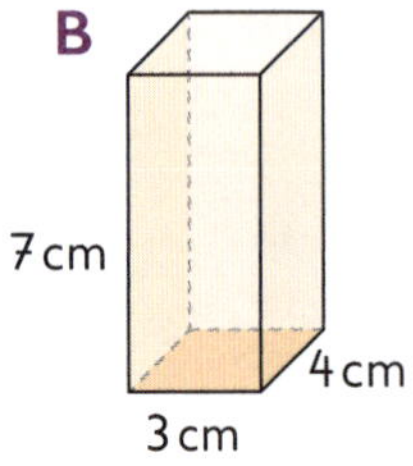


______ Würfel

C

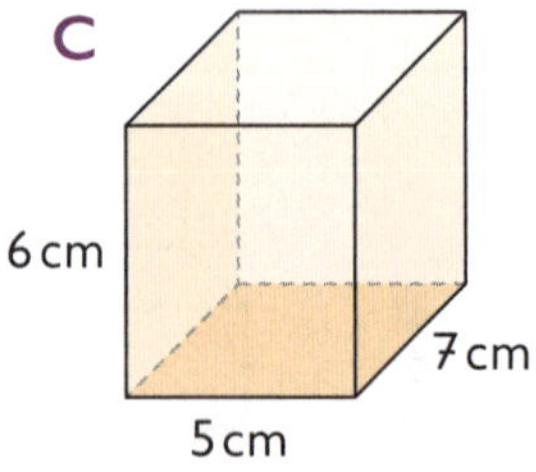


______ Würfel

D

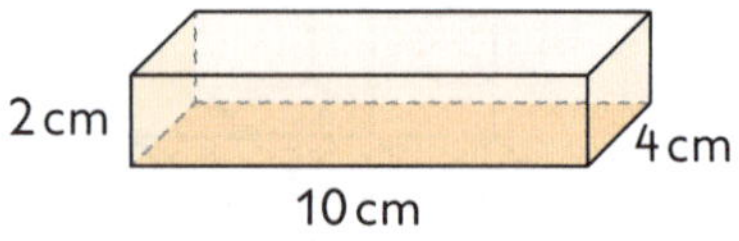


______ Würfel

1 Male das Rautenbild mit höchstens drei Farben aus.
Versuche ein Muster sichtbar zu machen.
Beschreibe, was dir auffällt.

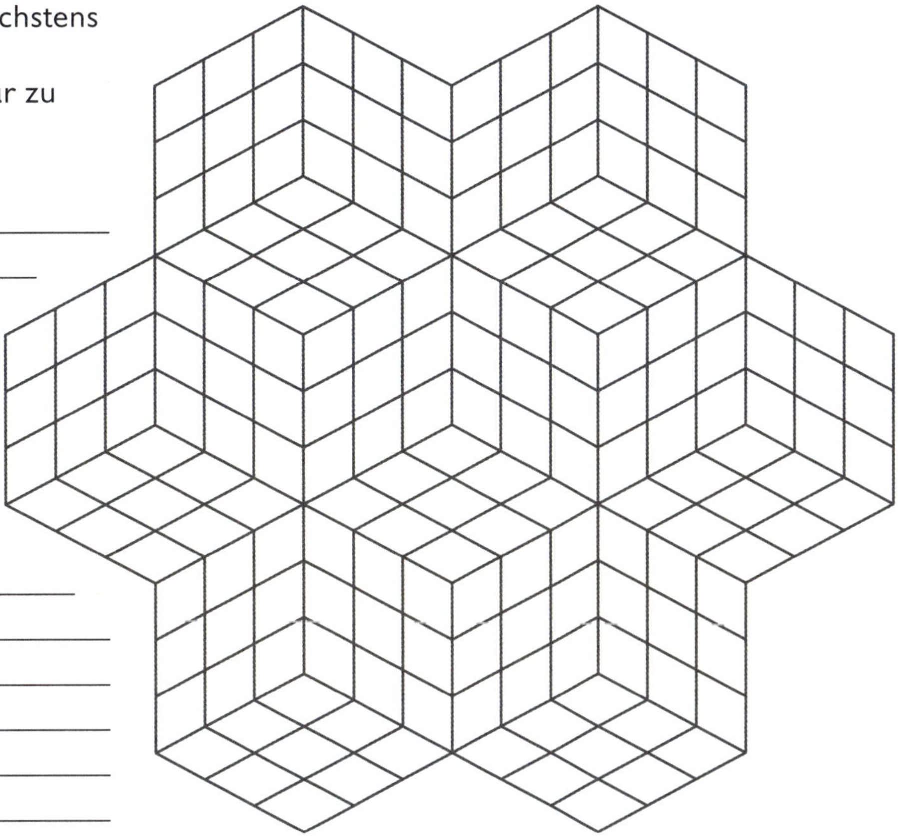

2

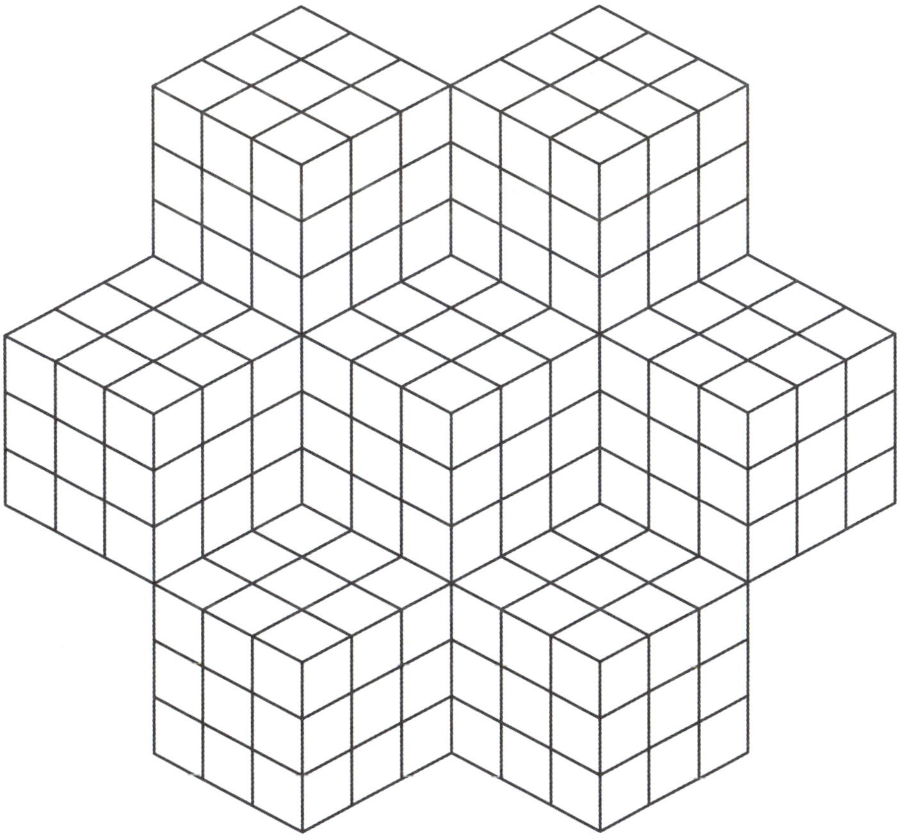

Wo siehst du die 3-mal-3-Würfel ?

Male so an, dass sie sichtbar werden.
Vergleiche mit den Bildern der anderen Kinder.

SB ▸ 122/123 E ▸ 62 A ▸ 62

# Grundwissen Multiplikation und Division / Geometrie

① Ich kann schriftlich multiplizieren. Vor der Rechnung mache ich einen Überschlag.

a) 5966 · 8 = ____________ b) 396,38 € · 9 = ____________

② Ich kann schriftlich dividieren. Vor der Rechnung mache ich einen Überschlag.

a) 8850 : 30 = __________ b) 95240 € : 8 = __________

③ Ich kann achsensymmetrische Figuren zeichnen

a)

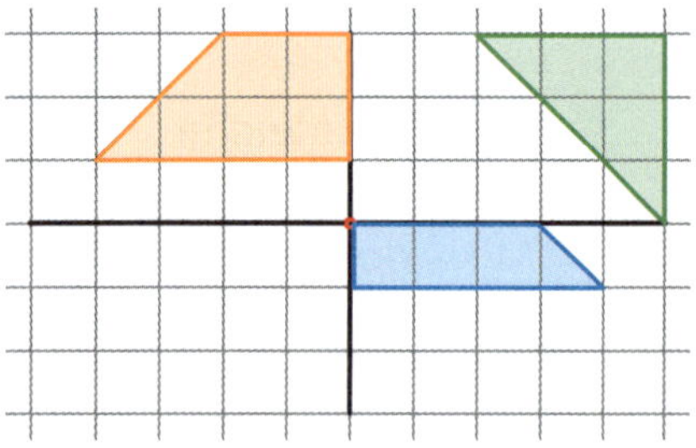

b)

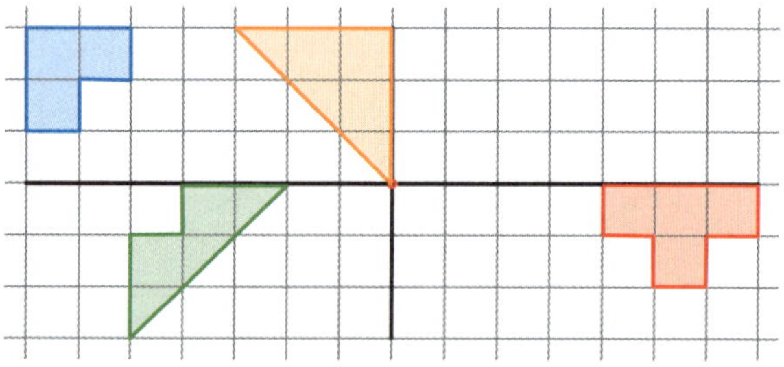

④ Ich kann den Umfang und den Flächeninhalt bestimmen.

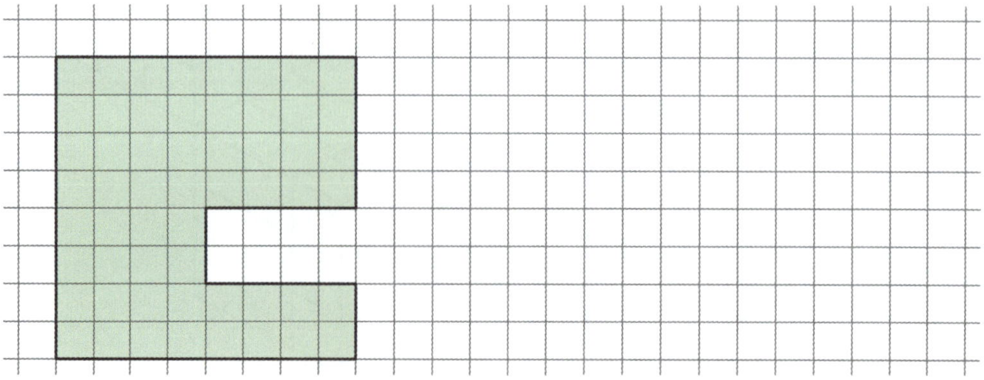





SB ► 124/125 E ► 63 A ► 63

① Ich kann Längen in verschiedenen Schreibweisen angeben.

a)

| m | | cm | |
|---|---|---|---|
| 1 | 5 | 6 | 5 |

15 m 65 cm = ________ m = ________ cm

____ m ______ cm = 6,66 m = ________ cm

____ m ______ cm = ________ m = 65 cm

____ m ______ cm = $\frac{1}{4}$ m = ________ cm

b)

| km | m | | |
|---|---|---|---|
| 8 | 6 | 7 | 0 |

8 km 670 m = ________ km = ________ m

____ km ______ m = 18,950 km = ________ m

____ km ______ m = ________ km = 75 m

____ km ______ m = $\frac{3}{4}$ km = ________ m

② Ich kann das Volumen in verschiedenen Schreibweisen angeben.

a)

| l | ml | | |
|---|---|---|---|
| 3 | 5 | 0 | 0 |

3 l 500 ml = ________ l = ________ ml

____ l ______ ml = ________ l = 2050 ml

____ l ______ ml = 16,8 l = ________ ml

____ l ______ ml = ________ l = 23 250 ml

b)

1 l = ______ ml

$\frac{3}{4}$ l = ______ ml

$\frac{1}{8}$ l = ______ ml

$1\frac{1}{2}$ l = ______ ml

③ Ich kann Daten aus Tabellen entnehmen und in Diagrammen darstellen.

Der jährliche Verbrauch an Schulmilch in den einzelnen Bundesländern wird in Tonnen (t) angegeben.

| | |
|---|---|
| Berlin (B) | 3007 t |
| Baden-Württemberg (BW) | 794 t |
| Hessen (HE) | 1660 t |
| Niedersachsen (NI) | 3916 t |
| Nordrhein-Westfalen (NW) | 15 764 t |
| Schleswig-Holstein (SH) | 1073 t |

a) Ordne die Gewichtsangaben der Größe nach.

______________________________________________

______________________________________________

b) Stelle die Informationen in einem Balkendiagramm dar. Runde die Zahlen zunächst auf Tausender.

B ≈ 3000 t

BW ≈ ____________

HE ≈ ____________

NI ≈ ____________

NW ≈ ____________

SH ≈ ____________

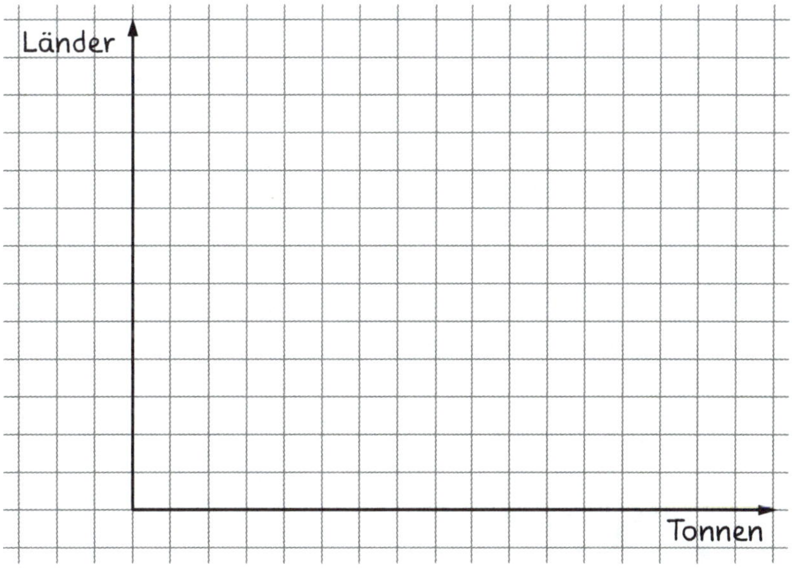

**Super M**
Arbeitsheft
4

**Herausgegeben von:** Klaus Heinze, Ursula Manten, Gudrun Hütten

**Erarbeitet von:** Christiane Audick, Heidi Dietz, Bettina Egbers, Matthia Gratzki, Kerstin Hänsel, Klaus Heinze, Ursula Manten, Maike Teusen, Nicole Wolters

**Bearbeitet von:** Marion Müller (Magdeburg), Antje Pennewitz (Wallhausen), Kerstin Silz (Eberswalde), Camen Sobek (Markkleeberg)

**Redaktion:** Jens-Uwe Mertens, Nadine Marx

**Illustrationen:** Martina Leykamm, im Arbeitsheft 4 weitergeführt von Eve Jacob, Dorothee Mahnkopf (Super M)

**Layoutkonzept:** hawemannundmosch

**Layout und technische Umsetzung:** Jana Faust, Katrin Tengler

**Umschlaggestaltung:** Ines Schiffel

**Bildredaktion:** Peter Hartmann

**Bildnachweis:** S. 11 Wikipedia/GNU/Enoch Lau, Wikipedia/CC/FredJ, Wikipedia/GNU/Erika39; S 26 Fotalia.com/Galina Barskaya; S. 31 Fotolia/Paul Wolf, Pascal Martin, picture-alliance/ZB/Jan Woitas; S. 49 www.muehlenroute.de; S. 55 Meyerwerft Papenburg/Pressebild, Dr. Volkhard Binder, Berlin; S. 57 Wikipedia/NOAA/ToB, picture-alliance/OKAPIA/Richard Ellis, Fotolia/Andreas Edelmann, picture-alliance/dap/MAXPPP/ChinaFotopress; S. 58 Dr. Volkhard Binder, Berlin

**Bestandteile des Lehrwerks Super M für das 4. Schuljahr**

| | | |
|---|---|---|
| Schülerbuch 4 mit Kartonbeilagen | | 978-3-06-082387-1 |
| Arbeitsheft 4 | | 978-3-06-082388-8 |
| Arbeitsheft 4 mit CD-ROM | | 978-3-06-082459-5 |
| Einstiege/Aufstiege 4 | | |
| Arbeitsblätter zur Differenzierung | | 978-3-06-082389-5 |
| Handreichungen für den Unterricht mit Lehrermagazin | | 978-3-06-082460-1 |
| Kopiervorlagen mit CD-ROM | | 978-3-06-082461-8 |
| **Im Paket:** | Handreichungen für den Unterricht mit Lehrermagazin und Kopiervorlagen mit CD-ROM | 978-3-06-082462-5 |
| **Lehrmittel:** | Geobrett | 978-3-06-082409-0 |
| | Soma-Würfel | 978-3-06-082848-7 |
| | Geometrische Formen | 978-3-06-082413-7 |

Die bisher beigelegten Lernstandserhebungen finden Sie als Gratis-Download unter cornelsen.de.
Geben Sie dazu den Suchbegriff „Lernstandserhebungen" ein.
Dort finden Sie die Links, unter denen Sie die Lernstandserhebungen kostenlos herunterladen können.

**www.cornelsen.de**



Druck: Drukarnia Dimograf Sp. z o.o., Bielsko-Biała

1. Auflage, 7. Druck 2023
Arbeitsheft 4
ISBN 978-3-06-082388-8

1. Auflage, 1. Druck 2010
Arbeitsheft 4 mit CD-ROM
ISBN 978-3-06-082459-5

PEFC-zertifiziert
Dieses Produkt stammt aus nachhaltig bewirtschafteten Wäldern und kontrollierten Quellen
PEFC/32-31-076
www.pefc.de